Magdalena Dabrowska & Agnieszka Peszek

Kleine Wasserratte

Spielen und Lernen im Wasser
für Kinder von drei Monaten bis vier Jahre

Meyer & Meyer Verlag

Originaltitel
Mały pływak,
kształtowanie prawidłowych postaw od pierwszych chwil zycia
© 2011 by landie.pl Ltd.
Übersetzung ins Englische: landie.pl

Englische Ausgabe
Little Swimmer.
Improve Your Child's Confidence and Physical Development
© 2014 by Meyer & Meyer Sport
Übersetzung: Dr. Jürgen Schiffer, Erftstadt

Kleine Wasserratte

Bibliografische Information der Deutschen Nationalbibliothek
Die Deutsche Nationalbibliothek verzeichnet diese Publikation in der Deutschen Nationalbibliografie; detaillierte bibliografische Details sind im Internet über <http://dnb.d-nb.de> abrufbar.

Alle Rechte, insbesondere das Recht der Vervielfältigung und Verbreitung sowie das Recht der Übersetzung, vorbehalten. Kein Teil des Werkes darf in irgendeiner Form – durch Fotokopie, Mikrofilm oder ein anderes Verfahren – ohne schriftliche Genehmigung des Verlages reproduziert oder unter Verwendung elektronischer Systeme verarbeitet, gespeichert, vervielfältigt oder verbreitet werden.

© 2014 by Meyer & Meyer Verlag, Aachen
Auckland, Beirut, Budapest, Cairo, Cape Town, Dubai, Hägendorf,
Indianapolis, Maidenhead, Singapore, Sydney, Tehran, Wien

 Member of the World Sport Publishers' Association (WSPA)

Druck und Bindung: B.O.S.S Druck und Medien GmbH
ISBN 978-3-89899-824-6
E-Mail: verlag@m-m-sports.com
www.dersportverlag.de

Inhalt

Kleine Helden (in alphabetischer Reihenfolge) 10
An der Entstehung des Buches beteiligte Personen 12
Einführung 16

1. Das Kind im Wasser 20
Das Kind schwimmt – warum ist dies der natürliche Ablauf? 20
Warum lohnt sich das Schwimmen? 22

2. Lassen Sie uns ins Schwimmbad gehen – was man vor dem ersten Besuch wissen und tun sollte 28
Ein Besuch beim Arzt 29
Wann soll man ins Schwimmbad gehen? 30
Wie man das Kind zu Hause auf den Schwimmbadbesuch vorbereitet 34

3. Übungen in der Badewanne 42
Wassergewöhnung des Kindes 44
Aktives Ausatmen und Tauchen 59
Weitere Spiele und Übungen 60
Spielen in der Badewanne 62

4. Sicherheit 66
Grundsätze des sicheren Badens – Ratschläge der Freiwilligen Wasserrettung 66

Kleine Wasserratte

5. Endlich im Schwimmbecken 76
Betreten des Beckens 76
Methoden des Haltens des Kindes im Becken 82
Wie Sie das Kind darauf vorbereiten, ins Becken zu gehen 84
Halteweisen und Übungen für das Kind in Bauchlage 87
Halteweisen und Übungen für das Kind in Rückenlage 109
Kombinationen 120
Sprung ins Wasser und tauchen 122
Übungen am Beckenrand 134

Fazit 142

Bildnachweis 144

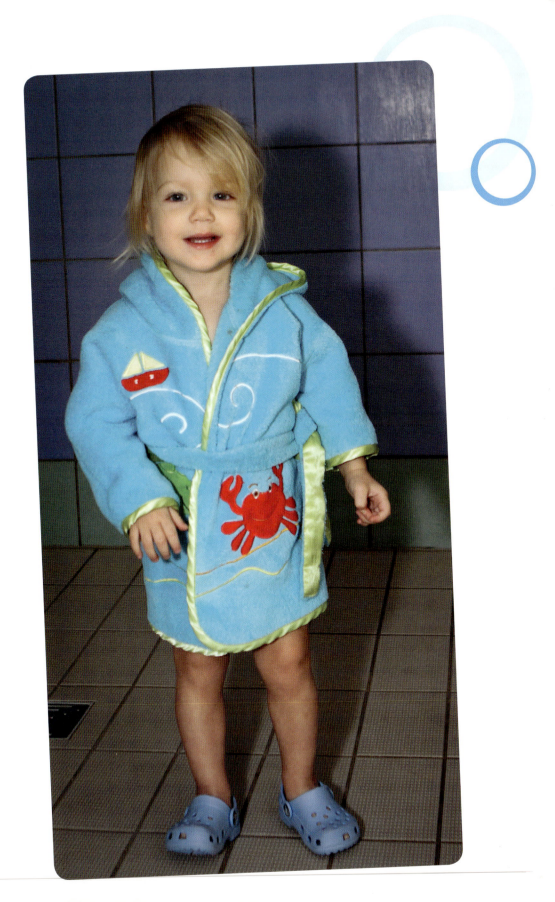

Kleine Helden
(in alphabetischer Reihenfolge)

Amelia

Ich bin acht Monate alt. Ich schwimme, seit ich drei Monate alt bin, und ich mag es sehr. Ich bin auch sehr gesprächig und aktiv. Wenn ich nicht schlafe, bin ich immer in Bewegung. Ich liebe es, auf meinem Löwen reiten.

Julka

Ich bin zwei Jahre alt, und ich ging das erste Mal ins Schwimmbad, als ich erst drei Monate alt war. In meiner freien Zeit singe und tanze ich. Ich liebe Orangen und Mandarinen.

Kornel

Ich gehe ins Schwimmbad, seit ich drei Monate alt bin. Ich genieße es immer, und es macht mir großen Spaß. Als ich fast fünf Monate alt war, hatte ich eine fantastische Zeit am Strand von Krynica Morska (Kahlberg).

Kleine Helden (in alphabetischer Reihenfolge)

Leon

Ich bin vier Monate alt und das ist das erste Mal, dass ich schwimme. Ich genieße es sehr, lange zu baden, ich fahre gern in meinem Buggy und mache gern ein Nickerchen. Ich bin sehr gesprächig.

Mateusz

Ich bin vier Jahre alt. Ich schwimme, seit ich sechs Monate alt bin, und seit ich drei bin, schwimme ich alleine. Ich bin ein glückliches Kindergartenkind, spiele gern an der frischen Luft und fahre gern Ski.

Dolly

Wenn unsere kleinen Helden krank oder müde waren, half ich beim Angebot spezieller Übungen und Spiele.

An der Entstehung des Buches beteiligte Personen

Magdalena Dabrowska – Koautorin

Rehabilitation und Schwimmen sind meine Hauptinteressen. Bei der Arbeit genieße ich sehr den Kontakt mit Kindern, der mir große Zufriedenheit bringt. In meiner Freizeit entspanne ich mich beim Skifahren oder genieße das Meeresrauschen. Ich bin die glückliche Mutter des vierjährigen Mateusz.

Mehr über meine Arbeit finden Sie unter www.akademiaruchu.eu

Agnieszka Peszek – Herausgeberin und Koautorin

Ich habe im Alter von fünf Jahren schwimmen gelernt – seither ist Schwimmen meine „Sommerleidenschaft" (im Winter fahre ich Snowboard und Ski). Ich schwimme vor allem Kraul. Die Trainer und Übungsleiter, die ich getroffen habe, behaupten, dass ich eine hervorragende Technik habe.

An der Entstehung des Buches beteiligte Personen

Ewa Zielinski – Autorin des Kapitels über die Sicherheit

Ich bin Schwimmlehrerin und Ausbilderin bei der polnischen Freiwilligen Wasserrettung. In meiner Freizeit fahre ich gern Ski.

Mehr über die polnische Freiwillige Wasserrettung finden Sie unter **www.wopr.pl**

Andrzej Peszek – Fotos

Sport und Fotografie ist das, was mich begeistert. Die natürliche Verbindung dieser beiden Hobbys ist die Sportfotografie. Im Winter fahre ich Ski, und im Sommer verbringe ich meine Zeit mit Schwimmen und Tauchen. Meine Kameratasche nehme ich überall hin mit – sie ist zwar etwas schwer, aber es lohnt sich, sie dabeizuhaben.

Weitere Informationen finden Sie unter **www.andrzejpeszek.pl**

⭐ Kleine Wasserratte

Łukasz Drzewinski – Berater zur Methodik des Schwimmunterrichts

An einem gewissen Punkt in meinem Leben bin ich mehr geschwommen als gegangen. Ich bin ein ehemaliger Leistungsschwimmer, Olympiateilnehmer und mehrfacher Sieger bei den nationalen Meisterschaften. Seit der Geburt meiner Tochter beschäftige ich mich mit dem Kinderschwimmen. Mit ihr im Wasser zu spielen, bereitet mir mehr Vergnügen, als Goldmedaillen zu gewinnen. Neben meiner Arbeit als Schwimmcoach arbeite ich als Sportmanager im Carolina Medical Center.

Weitere Informationen finden Sie unter www.carolina.pl

Iwona Turant – Präsidentin der PSPN (Polnischer Babyschwimm-Verband)

Koautorin von *The Little Swimmers Guidebook*, wovon Teile in diesem Buch verwendet wurden.

Einführung

Die Geburt eines Kindes ist eine wunderbare Erfahrung für Mutter und Vater. Als Eltern versuchen wir, sicherzustellen, dass unser Kind unter den bestmöglichen Bedingungen aufwächst. Wir sorgen dafür, dass unser Kind gesund und glücklich ist. Viele Eltern vergessen oft oder wissen einfach nicht, dass selbst Babys und Kleinkinder eine geeignete Stimulation benötigen, damit eine bessere körperliche Entwicklung gewährleistet ist.

Eine der einfachsten und sichersten Möglichkeiten, um die körperliche Entwicklung des Kindes zu fördern, ist das Üben im Wasser und später das Schwimmen. Dies natürlich unter der Voraussetzung, dass die Eltern wissen, wie sie es selbst richtig ausführen.

Es sei daran erinnert, dass im Falle von kleinen Kindern bis zum Alter von vier Jahren Schwimmen nicht infrage kommt und dass stattdessen nur Übungen durchgeführt werden sollten, die das Kind an das Wasser gewöhnen. Diese Übungen bewirken, dass das Kind mit dem Wasser vertraut wird und das richtige Verhalten im Wasser entwickelt.

Unser Buch ist eine ausgezeichnete Quelle nützlicher Informationen für die Eltern von Kindern, die jünger als vier Jahre sind, für die Eltern eines Kindes, das kurz davor ist, mit dem Schwimmbadbesuch zu beginnen, oder für die Eltern eines Kindes, das bereits das Schwimmbad besucht.

Das Buch ist auch für Eltern gedacht, die organisierten Schwimmunterricht besuchen, und ebenfalls für diejenigen, die aus verschiedenen Gründen nicht teilnehmen können.

Dieses Buch wäre ohne die Hilfe der Personen, mit denen ich während seiner Erstellung das Vergnügen hatte, zu arbeiten, nicht fertig gestellt worden. Ich möchte Magda Dabrowska von der Akademie für Bewegung dafür danken, dass sie mich an ihrem großen Wissen über das Thema Übungen im Wasser teilhaben ließ. Ich möchte auch unseren kleinen Helden und ihren Eltern danken. Dank ihrer Mithilfe wurden bestimmte Übungen mit Kindern und nicht mit Puppen durchgeführt, was zweifellos zu besseren Illustrationen der Übungen führte.

Ich wünsche Ihnen einen angenehmen Unterricht.

Agnieszka Peszek

Mutter von Julia, deren Schwimmabenteuer begann, als sie drei Monate alt war.

Das Kind im Wasser

Das Kind schwimmt – warum ist dies der natürliche Ablauf?

Schwimmen ist für Menschen eine seltsame körperliche Aktivität. Es ist etwas, für das wir völlig unvorbereitet sind, dass uns aber trotzdem sehr viel Spaß macht. Erstens ist unser Körper an die vertikale Position angepasst, unter Überwindung der Schwerkraft und mit uneingeschränktem Zugriff auf die Atemluft. Zweitens findet Schwimmen in der liegenden Position statt, das ganze Gewicht unseres Körpers wird unterstützt und unsere Atmung ist behindert. Wie lassen sich diese offensichtlichen Widersprüche mit dem Phänomen in Einklang bringen, dass eine so große Zahl von Menschen schwimmt? Eine Erklärung könnte

Das Kind im Wasser

der menschliche „Trotz" und die Neigung sein, Herausforderungen anzunehmen. Die zweite, vielleicht bessere Erklärung lautet, dass der „Schwimminstinkt" tief in unserem Unterbewusstsein verwurzelt ist. Wenn man sich an die Zeit der Schwangerschaft erinnert, wird deutlich, dass die oben erwähnten Widersprüche zwischen dem Schwimmen und unserer Anatomie und Physiologie dort nicht aufgetreten sind. Das Kind befindet sich im Mutterleib in einer wässrigen Umgebung, unbekümmert von der Schwerkraft oder der Atmung. Leider haben wir diese natürliche „Schwimmfähigkeit" zu schnell nach der Geburt verloren. Die schnelle Rückkehr des Kindes ins Wasser, die wir mit unserem Buch fördern wollen, ist sozusagen eine Rückkehr zu unseren verlorenen natürlichen Fähigkeiten, die umso leichter fällt, je früher damit begonnen wird.

Kleine Wasserratte

Warum lohnt sich das Schwimmen?

Wie oben beschrieben, sind Spiele im Wasser und das Schwimmenlernen in einem gewissen Sinne eine natürliche Fortsetzung der Entwicklung des Kindes während der Schwangerschaft. Die wässrige Umgebung, in der das Baby sich im Mutterleib befindet, ist seine erste natürliche Umwelt und durch ihre einzigartigen Eigenschaften stimuliert sie perfekt die Entwicklung des Kindes in der Schwangerschaft. Es ist interessant, dass das Kind bestimmte physiologische Muster, die es im Mutterleib erwirbt, wie die Fähigkeit, seine Hände zu öffnen, nach der Geburt verliert, um sie nach ein paar Monaten wiederzuerlangen. Die Bewegung von Kindern ist genetisch programmiert, und zusammen mit der Entwicklung des Kindes läuft der genetische Programmierungsprozess bis zu einem gewissen Grad ohne Reglementierung ab. Das Ergebnis ist, dass jeder von uns sich hinsichtlich des Erwerbs der Fähigkeit, bestimmte Bewegungen auszuführen, gleich entwickelt, während die Erfahrung, im Wasser zu sein, einen sehr positiven Einfluss auf die Verbesserung der Bewegungsqualität hat.

Übungen mit Kindern im Schwimmbecken – bereits im Babyalter – haben folgende Vorteile:

- Aktivitäten, die mit Babys und Kleinkindern im Wasser durchgeführt werden, tragen zur Entwicklung ihrer Persönlichkeit und sozialen Kompetenz innerhalb einer Gruppe Gleichaltriger bei.
- Wasser ermöglicht die Bewegung in drei Ebenen, bevor das Kind in der Lage ist, sich selbstständig auf dem Land fortzubewegen. Dadurch wird die Bewegungsgeschicklichkeit entwickelt und die Koordination verbessert.
- Das direkt unter der Haut liegende Muskelgewebe wird durch die Berührung mit den Eltern und dem Wasser intensiv stimuliert (das Wasser umströmt den gesamten Körper, der Widerstand des Wassers ist zu spüren). Dies hat eine entspannende Wirkung und reguliert die Muskelspannung.
- Da im Wasser weniger statische Muskelarbeit geleistet werden muss (z. B. für die Überwindung der Schwerkraft), wird die Möglichkeit dynamischer Arbeit gesteigert. Die Knochen werden entlastet und die Muskeln gestärkt.
- Das Wasser passt sich der Bewegung des Kindes an, bewegt aber auch den Körper des Kindes und wirkt auf ihn ein. Indem das Kind Lageveränderungen entgegenwirken muss, verbessert es seinen Gleichgewichtssinn.
- Warmes Wasser (31-33° C) bewirkt tiefere Atemzüge und regt den Kreislauf an.
- Zum Zeitpunkt der Berührung mit Wasser und wegen des Eintauchens des Brustkorbs nach oben und unten beschleunigt sich die Atmung zunächst. Nach einer Weile wird sie progressiv länger und tiefer. Die Einatmung verbessert sich und die Atemmuskeln werden gekräftigt, was die Entwicklung des Brustkorbs fördert.

Das Kind im Wasser

- Vergleicht man eine Gruppe von Kindern, die schwimmt, mit Nichtschwimmern, bestätigt die Beobachtung, dass die „Schwimmer" sich an neue Situationen besser anpassen, ein höheres Maß an Selbstsicherheit und Unabhängigkeit aufweisen, über eine größere Bandbreite an Bewegungen verfügen und ein positiveres emotionales Verhalten zeigen (häufigeres Lächeln, weniger Tränen) und sich auch durch ihre größere emotionale Stabilität auszeichnen, mit ihren Altersgenossen besser kommunizieren und sich mehr an Spielen beteiligen.
- Aktivitäten im Wasser unterstützen die Rehabilitation von Kindern mit Bewegungsbehinderungen und fördern die Integration körperlich und auch geistig behinderter Kinder in Gruppen nicht behinderter Kinder.
- Schwimmen stärkt die Bindungen zwischen Kindern und Eltern.

⭐ Kleine Wasserratte

- Regelmäßige Schwimmbadbesuche gewöhnen das Kind an körperliche Aktivität.
- Regelmäßige Schwimmbadbesuche erhöhen die Widerstandskraft des Kindes gegen Infektionen.
- Schwimmen ist ein hervorragendes Mittel zur physischen und psychischen Entspannung.
- Kinder werden durch Schwimmen selbstbewusster und zuversichtlicher.

Das Kind im Wasser

Aus medizinischer Sicht hat Schwimmen eine positive Wirkung auf viele Körpersysteme:

Das Knochen-, Muskel- und Gelenksystem – die Wasserumgebung entlastet den Körper (reduziert den Einfluss der Schwerkraft) und stellt gleichzeitig einen größeren Widerstand dar, als dies auf dem Land der Fall ist, d. h., unsere Bewegungen erfolgen gegen einen gleichmäßigen Widerstand. Dadurch kann ein größeres Spektrum an Bewegungen bei leichter, gleichmäßiger Belastung absolviert werden. Dies unterstützt die muskuläre Entwicklung von Kindern, der Bewegungsumfang in den Gelenken wird erweitert und später hält Schwimmen die Knochen-, Gelenk- und Muskelsysteme in einer guten körperlichen Verfassung. Schwimmen und Bewegung im Wasser haben eine hervorragende Wirkung auf die Entwicklung und Beibehaltung der Muskel- und Wirbelsäulensymmetrie.

Das Atmungssystem – insbesondere die Art der Atmung in Wasser: Durch die Gleichmäßigkeit, die Tiefe der Atmung und durch die Überwindung des zusätzlichen Widerstands aufgrund des Drucks des Wassers gegen den Brustkorb stellt Schwimmen ein hervorragendes Training der Atemmuskulatur dar.

Das Kreislaufsystem – Schwimmen ist eine aerobe, aber dennoch angenehme Tätigkeit, und ist daher eine ausgezeichnete Übung für das Herz-Kreislauf-System. Darüber hinaus hat die Stimulation durch den Wasserdruck und die Wassertemperatur eine positive Wirkung auf die Durchblutung der Haut und Venen.

Das Nervensystem – Schwimmen bedeutet eine intensive Stimulation sowohl des Oberflächengefühls (Kontakt der Haut mit Wasser) als auch der tieferen, sogenannten *propriozeptiven Sensibilität*, was eine Auswirkung auf unsere Arbeitsgelenke und -muskeln hat. Schwimmen stellt eine ausgezeichnete Übung für den Gleichgewichtssinn dar und ist nicht zuletzt ein wunderbares Entspannungstraining.

Lassen Sie uns ins Schwimmbad gehen – was man vor dem ersten Besuch wissen und tun sollte

Das Kind sollte eine positive, gut geplante erste Erfahrung mit dem Schwimmen machen. Vor dem Schwimmbadbesuch sollte man einige Dinge erledigen, wenn auch nicht unbedingt in der unten angegebenen Reihenfolge (über bestimmte Aspekte wird später noch mehr gesagt):

a. einen Arzt aufsuchen, der untersucht, ob es irgendwelche Gründe gibt, warum das Kind nicht schwimmen sollte,
b. darüber nachdenken, ob das Kind bereit ist, ins Schwimmbad zu gehen,
c. ein geeignetes Schwimmbad und/oder eine geeignete Schwimmschule auswählen,
d. das Kind zu Hause auf den Schwimmbadbesuch vorbereiten,
e. sich mit den Grundsätzen der Teilnahme am Schwimmunterricht bekannt machen und sich auch darüber informieren, was man ins Schwimmbad mitnehmen muss.

Ein Besuch beim Arzt

Bevor wir mit dem Kind das Schwimmbad besuchen, ist es notwendig, einen Arzt aufzusuchen. Die meisten Schwimmschulen verlangen eine ärztliche Bescheinigung, in der bestätigt wird, dass keine Bedenken hinsichtlich der Teilnahme am Unterricht bestehen. Auch wenn Sie nicht beabsichtigen, einen organisierten Unterricht zu besuchen, sondern allein schwimmen gehen wollen, oder wenn die Schule keine derartige Bescheinigung verlangt, sollten Sie einen Arzt aufsuchen. Der Arzt sollte Ihnen bestätigen, dass Ihr Kind reif genug ist, um am Schwimmunterricht teilzunehmen.

Im Allgemeinen stellen die folgenden Beschwerden Kontraindikationen für die Teilnahme am Schwimmunterricht dar:

- Entzündung der Ohren, Augen oder der Nase,
- schwere Infektionen der Atemwege,
- schwere Infektionen des Verdauungssystems,
- bestimmte Hauterkrankungen,
- Empfindlichkeit gegenüber Ozon oder Chlor,
- wiederkehrende und chronische Erkrankungen der Harnröhre,
- ein verstärkter Magen-Speiseröhre-Reflex,
- einige chronische Lungenkrankheiten,
- wiederkehrende Mittelohrinfektionen,
- angeborene Herz-, Lungen- und Harnröhrendefekte.

Gegenanzeigen zum Schwimmbadbesuch bestehen, wenn aufgrund seines Zustandes das Kind keinen zusätzlichen Belastungen durch verstärkte körperliche Anstrengung unterzogen werden sollte oder wenn es von entscheidender Bedeutung ist, das Risiko einer Infektion zu reduzieren, weil es anderenfalls zu einer signifikanten Verschlechterung der Gesundheit des Kindes kommen könnte.

Bei einigen Impfungen sollte man das Kind am Tag der Injektion nicht mit ins Schwimmbad nehmen. Es wird unter diesen Umständen empfohlen, einen Arzt zu konsultieren.

Aus hygienischen Gründen wird das Wasser in Schwimmbädern chloriert oder mit Ozon angereichert, wodurch es zu einer kurzfristigen Rötung der Augen des Kindes nach dem Schwimmen kommen kann. Normalerweise ist dies kein Allergiesymptom, sondern eine erste Reaktion der kindlichen Schleimhaut auf chemische Reizung. Um diesen Effekt zu vermeiden oder zu vermindern, kann man bei einem Kind von zwei Jahren und älter den Einsatz einer Schwimmbrille versuchen oder die Augen des Kindes mit Augentropfen, die eine physiologische Kochsalzlösung enthalten, behandeln.

BEACHTEN SIE – Besuchen Sie mit einem Kind das Schwimmbad nicht direkt nach einer Krankheit. Nach einigen Krankheiten, z. B. nach einer Blasenentzündung, bedarf es einer längeren Pause, bevor man wieder schwimmen geht. Daher ist es sinnvoll, nach einer Krankheit stets einen Arzt zu konsultieren.

WICHTIG – die Dysfunktion der Bewegungsorgane ist keine Kontraindikation für die Teilnahme am Schwimmunterricht.

Wann soll man ins Schwimmbad gehen?

Das beste Alter, um zum ersten Mal ins Schwimmbad zu gehen, ist drei Monate. Der Grund hierfür ist die Entwicklung des Kindes. Ein normal entwickeltes Kind ist dann bereits in der Lage, den Kopf selbstständig aufrecht zu halten. Darüber hinaus ist im dritten Lebensmonat die Wirbelsäule des Babys begradigt, was bedeutet, dass das Kind nicht so vornübergebeugt ist wie in den früheren Lebensmonaten. Die zu diesem Zeitpunkt in den Gelenken des Kindes stattfindende Veränderung ist ebenso wichtig, die Gelenke werden runder, was die sichere Durchführung von Übungen unter Ausnutzung des maximalen Bewegungsumfangs ermöglicht.

Am besten wäre es, mit dem Schwimmbadabenteuer nicht später als im achten Lebensmonat zu beginnen. Bis zu diesem Zeitpunkt haben die meisten Kinder keine Angst vor Fremden, wodurch es leichter wird, sich nicht nur mit dem Wasser, sondern auch mit anderen Kindern, den Betreuern und mit Lehrern vertraut zu machen.

Lassen Sie uns ins Schwimmbad gehen

Abgesehen vom körperlichen Aspekt, der die Möglichkeit, das Schwimmbad zu besuchen, bestimmt, ist die psychische Einstellung des Kindes auch wichtig, wenn man das Schwimmbad besucht. Kinder, die z. B. nicht gewohnt sind, dass man ihnen Wasser über den Kopf gießt, haben möglicherweise ein Problem, dies während des Unterrichts zu akzeptieren. Daher ist es sehr wichtig, dass man 4-8 Wochen vor dem ersten Schwimmbadbesuch damit beginnt, das eigene Kind auf den Kontakt mit Wasser vorzubereiten (mehr zu diesem Thema später im Buch).

Denken Sie daran, dass nicht nur die Einstellung des Kindes von Bedeutung ist. Man muss auch sicher sein, dass man ins Schwimmbad gehen will. Wird der Schwimmbadbesuch als stressig empfunden, spüren unsere Kinder dies. In diesem Fall sollte man überlegen, ob nicht jemand anders mit dem Kind ins Schwimmbad gehen sollte, oder ob man warten sollte, bis der Schwimmbadbesuch keine Probleme mehr bereitet.

⭐ Kleine Wasserratte

Wie wählt man die Schwimmschule und das Schwimmbad aus?

Der Anstieg in der Zahl der Schulen, die Schwimmunterricht für Babys und Kinder bis zum vierten Lebensjahr anbieten, hat dazu geführt, dass die Wahl der geeigneten Schule komplizierter geworden ist.

Hinsichtlich des Schwimmunterrichts müssen zwei Aspekte analysiert werden: die Wahl der Schule und auch die Wahl eines Schwimmbades. In kleinen Städten gibt es möglicherweise keine Alternativen. In großen Städten ist die Auswahl größer, daher lohnt es sich, die beste Lösung auszuwählen.

Im Folgenden finden Sie einige einfache Indikatoren für die Auswahl der geeigneten Schule. Finden Sie sie heraus:

- Verfügen die Lehrer, die den Unterricht erteilen, über eine besondere Ausbildung für die Durchführung des Unterrichts mit Babys und Kleinkindern?
- Wie lange dauert der Unterricht? Es wird empfohlen, dass der Unterricht nicht länger als 30 min dauert. Auch ist es wichtig, zu wissen, wie viel Zeit man vor und nach dem Unterricht zum Umziehen hat.
- Zu welchen Zeiten findet der Unterricht statt? Passen Sie die Zeit des Schwimmbadbesuchs dem Tagesrhythmus des Kindes an.
- Welche Kinder besuchen den Unterricht? Es ist wichtig, dass sie in einem

Lassen Sie uns ins Schwimmbad gehen

ähnlichen Alter sind. Diese Situation ist ideal, weil die während des Unterrichts durchgeführten Übungen dem Bewegungspotenzial Ihres Kindes am besten angepasst sind.

- Wie viele Kinder befinden sich in einer Gruppe? Abgesehen von der Wahl einer Schule ist auch die Wahl des geeigneten Schwimmbads wichtig.

Bei der Wahl des Schwimmbads sollten die folgenden Faktoren berücksichtigt werden:

- Wassertemperatur: Die Wassertemperatur sollte für Kinder bis zu sechs Monaten 32-33° C betragen und 31-32° C für Kinder im Alter von 7-12 Monaten. Wenn die Wassertemperatur im Becken niedriger ist, dann können Kinder im Alter von 7-8 Monaten in ein Becken mit einer Wassertemperatur von 29-30° C gehen, unter der Bedingung, dass wir das Kind mit schützendem Schaum abdecken. Die Wassertemperatur kann einen erheblichen Einfluss auf Ihr Kind haben. Eine zu hohe Temperatur kann zu einer Überlastung des Kreislaufs und der Atemwege führen. Eine zu niedrige Temperatur kann bewirken, dass das Kind friert.
- Wasserqualität: Das Wasser im Becken sollte ordnungsgemäß aufbereitet werden.
- Die Ausstattung der Umkleideräume: Wenn man mit einem Baby das Schwimmbad besucht, ist es wichtig, dass die Umkleidekabine über einen Wickeltisch und einen Stuhl verfügt sowie über einen Laufstall, in den wir das Kind beim Umziehen legen können. Ist dies nicht der Fall, muss man die eigene Babytrage mit ins Schwimmbad nehmen.
- Beckentiefe: Der Unterricht mit Kindern findet im flachen Becken statt. Die ideale Tiefe beträgt 1,00-1,10 m. Wenn ein Becken mit genau dieser Tiefe nicht zu finden ist, kann auch ein Becken mit einer

⭐ Kleine Wasserratte

Tiefe von 0,7-1,40 m in Betracht gezogen werden.

- Familienumkleideraum: Ein Schwimmbadbesuch mit einem kleinen Kind ist nicht einfach; um ihn zu erleichtern, könnte man mit einem Familienmitglied oder Freund gehen. Wenn der Begleiter anderen Geschlechts ist, ist es wichtig, dass es sich um eine gemischte Umkleidekabine handelt.
- Die Lufttemperatur in der Umgebung des Beckens sollte im Idealfall 2° C höher als die Wassertemperatur sein.
- Prüfen Sie, ob es einen Ort gibt, wo es möglich ist, sich mit dem Kind hinzusetzen, wo man etwas essen und trinken kann, oder wo man einfach nur eine Pause nach dem Unterricht machen kann.

Wie man das Kind zu Hause auf den Schwimmbadbesuch vorbereitet

Ein Baby kann mit der Vorbereitung für den Schwimmbadbesuch beginnen, wenn es 4-8 Wochen alt ist. Diese Vorbereitung sollte in einer Umgebung stattfinden, mit der das Kind vertraut ist, das ist in der Regel zu Hause. Das „Schwimmen" zu Hause soll das Kind mit dem Wasser vertraut machen, es an das Geräusch des Wassers und den anderen Lärm sowie an die veränderten Umgebungsbedingungen gewöhnen. Das Vertrautmachen des Kindes mit Spritzwasser, mit Wasser, das über sein Gesicht gegossen wird, und auch mit Untertauchen oder Tauchen stellt sicher, dass das Baby keine Probleme hat, im Beckenwasser zu spielen. Eine Liste mit beispielhaften Spielen in der Badewanne findet sich in Kap. 3 „Übungen in der Badewanne".

WICHTIG! Wenn es obligatorisch ist, eine Badekappe im Becken zu tragen, muss man das Kind daran gewöhnen, eine Kappe zu tragen und auch an den Anblick seiner Eltern mit einer Badekappe.

Sie können Ihr Kind tatsächlich von Geburt an vorbereiten, weil Sie bereits dann beginnen, das

Lassen Sie uns ins Schwimmbad gehen

Kind zu baden. Baden Sie das Kind zu Anfang in einer kleinen Babybadewanne, im Alter von 4-8 Wochen wechseln Sie zu einer großen Badewanne, wenn Sie eine haben. Zur besseren Vorbereitung des Kindes auf den Schwimmbadbesuch sollten Sie die Temperatur des Badewassers auf 34-35° C reduzieren.

Was man vor dem Schwimmbadbesuch wissen sollte

Was sollte man wissen, bevor man ins Schwimmbad geht?

a. Machen Sie sich mit den Regeln, die in dem Schwimmbad Ihrer Wahl gelten, vertraut.

Besonders wichtige Informationen für Sie sind:

- Ist es Pflicht, Badekappen zu tragen?
- Kann eine Begleitperson mit uns in die Umkleidekabine oder mit ans Becken kommen? Wenn ja, auf welcher Grundlage, und wie sollte sie angezogen sein? Wie hoch sind die Gebühren?
- Welche Kleidung muss beim Schwimmen getragen werden? Dies gilt insbesondere für Männer. So ist es in vielen Schwimmbädern nicht erlaubt, Shorts zu tragen.

b. Machen Sie sich mit der Lage der Räume im Schwimmbad vertraut, sodass Sie bei Ihrem ersten Besuch keinen Fehler machen. Probleme bei der Suche nach den Umkleideräumen, Duschen und dem Eingang zum Becken können stressig für Sie und auch das Kind sein.

c. Cremen oder ölen Sie das Kind vor dem Schwimmbadbesuch nicht ein, um das Risiko, dass das Kind aus Ihren Händen rutscht, zu verringern. Außerdem verschmutzen Cremes und Öle das Badewasser.

d. Das Kind sollte seine letzte Nahrung mindestens 30 min vor dem Beginn des Schwimmunterrichts erhalten. Kinder, die gestillt werden, stellen eine Ausnahme dar.

Kleine Wasserratte

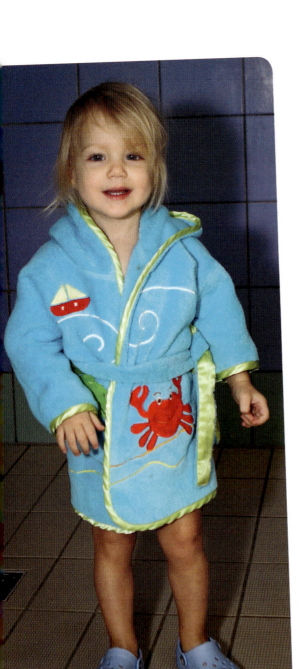

e. Wählen Sie einen geeigneten Zeitpunkt für die Teilnahme am Schwimmunterricht – passen Sie den Schwimmbadbesuch dem Rhythmus Ihres Kindes an. Wenn Ihr Kind zu verschiedenen Tageszeiten schläft, sollten Sie es am Tag des Schwimmbadbesuchs früher ins Bett legen, sodass es nicht während des Unterrichts schläfrig wird.

f. Duschen Sie sich selbst und das Kind vor und nach dem Unterricht ab!

Weitere nützliche Informationen:

a. Wenn Sie mit einem Kind das Schwimmbad besuchen, ist es nicht erforderlich, dass Sie selbst schwimmen können. Der Unterricht findet in flachem Wasser statt. Denken Sie jedoch daran, dass es, wenn der Schwimmbadbesuch sehr stressig für Sie ist, eine Überlegung wert sein könnte, dass jemand anders mit dem Kind ins Schwimmbad geht, weil Sie Ihren Stress auf das Kind übertragen können.

b. Manchmal hat ein Kind einen schlechten Tag, bekommt Zähne oder ist einfach nicht gut gelaunt. Überlegen Sie dann, ob es sich lohnt, das Kind zum Unterricht mitzunehmen. Ein Besuch im Schwimmbad sollte Spaß machen.

c. Während des Unterrichts führen die Eltern/Betreuer die Übungen mit dem Kind aus – NICHT DER LEHRER.

d. In den Umkleideräumen wird nicht gegessen.

e. Ziehen Sie die Badesachen und die Windeln im Schwimmbad an – NICHT ZU HAUSE.

Lassen Sie uns ins Schwimmbad gehen

Checkliste für das Schwimmbad

Die Liste der Dinge, die man ins Schwimmbad mitnehmen sollte, ist lang. Es ist daher sinnvoll, wenn man vor dem ersten Schwimmbadbesuch alles aufschreibt. Vor dem Besuch sollte man überprüfen, ob man alles bei sich hat:

- einen Badeanzug für sich selbst,
- Windeln für das Kind zum Schwimmen oder ein Badeanzug, wenn das Kind keine Windeln mehr benötigt,
- normale Windeln, wenn das Kind sie benötigt,
- eine Schwimmbrille für ein älteres Kind,
- Badeschuhe für die Eltern,
- Badeschuhe für ein Kind, das bereits laufen kann (wenn es Winter ist und das Kind Strumpfhosen trägt, ist es sinnvoll, zwei Paar Badeschuhe dabeizuhaben),
- ein Handtuch für die Eltern,
- ein Handtuch für das Kind – besser zwei oder ein Handtuch und einen Bademantel,
- eine Babytrage – groß genug für alle Dinge, die man ins Schwimmbad mitnehmen kann,
- Kosmetikartikel – Seife und Shampoo für die Eltern, Seife, Babyöl und Creme für das Kind,
- einen Haartrockner – wenn es im Schwimmbad keinen Trockner gibt,
- Badekappen – wenn sie benötigt werden,
- Beutel für nasse Kleidung – weil es bequem ist,
- einen zweiten Satz an Kleidung für das Kind – nur für alle Fälle,
- Essen, Getränke – für später,
- ein Spielzeug, ein kleines Buch, sodass das Kind etwas hat, womit es sich beschäftigen kann, wenn Sie sich umziehen,
- einen Schwimmbadpass.

Kleine Wasserratte

Der erste Schwimmbadbesuch

Der erste Schwimmbadbesuch ist oft stressig, normalerweise noch mehr für die Eltern als für das Kind. Um die Dinge einfacher zu machen, finden Sie hier ein Beispiel für einen Schwimmbadbesuch:

1. Lassen Sie Ihre Straßenkleidung im Umkleideraum.
2. Ziehen Sie sich selbst und dem Kind die Badekleidung an. Beim Umziehen ist es bequem, das Kind in der Babytrage festzugurten oder, wenn es sitzen kann, es in einen Kinderstuhl zu setzen (falls in der Umkleidekabine vorhanden).
3. **DENKEN** Sie daran, dass Sie das Kind nie auf einer Wickelauflage allein ohne Begleitung eines Erwachsenen liegen lassen. Kinder, die sich zuvor noch nicht von der Stelle bewegt haben, können dies zum ersten Mal tun, wenn Sie gerade nicht neben ihnen sind.
4. Legen Sie Schmuck und Uhren ab. Befestigen Sie den Schließfachschlüssel nicht an Ihrem Handgelenk.
5. Im Schwimmbad müssen Sie Badeschuhe tragen. Wenn das Kind schon laufen kann, kaufen Sie ihm ein Paar Badeschuhe für das Schwimmbad.
6. Falls erforderlich, setzen Sie sich selbst eine Badekappe auf und Ihrem Kind ebenfalls.
7. Vor dem Schwimmbadbesuch sollten Sie sich selbst und Ihr Kind waschen. Wenn Sie ins Schwimmbad gehen, ohne sich und Ihr Kind zu waschen, können Mikroorganismen ins Wasser übertragen werden, was sich schädlich auf Ihre Gesundheit und die Gesundheit der anderen Badegäste auswirken kann.
8. Betreten Sie das Becken mit dem Kind NICHT mithilfe der Leiter. Normalerweise findet der Schwimmunterricht mit Kindern im flachen Beckenteil statt, der einfach zu betreten ist. Wenn es keinen flachen Teil gibt, bitten Sie jemanden, Ihnen zu helfen – betreten Sie das Becken zunächst selbst und bitten Sie Ihren Helfer, Ihnen das Kind zu reichen. Die Methode, das Becken zu verlassen, wird später in diesem Buch vorgestellt.

Lassen Sie uns ins Schwimmbad gehen

9. Während des Unterrichts darf das Kind nichts im Mund haben.
10. Nach dem Verlassen des Beckens sollten Sie die Windeln des Kindes nicht in der Nähe des Beckens entfernen. Sollte das Kind verschmutzte Windeln haben, würde alles ins Wasser fließen.
11. BEACHTEN SIE – nach dem Verlassen des Wassers sollten Sie sich selbst und Ihr Kind sorgfältig waschen. Dann reiben Sie das Kind mit einer geeigneten Creme ein – das Schwimmbadwasser könnte die Haut austrocknen.
12. Trocknen Sie Ihren Kopf und den Kopf des Kindes mit einem Handtuch ab. Reiben Sie die Ohren des Kindes mit dem Handtuch trocken.
13. In der Umkleidekabine oder nach dem Verlassen der Umkleidekabine sollten Sie die Haare des Kindes und Ihre eigenen gründlich mit einem Fön trocknen. Am besten warten Sie 20-30 min, bis Sie das Schwimmbad verlassen – vor allem im Winter.

Übungen in der Badewanne

Die Vorbereitung des Kindes auf den Unterricht im Wasser kann mit dem ersten Baden beginnen.

Die richtige Vorbereitung sollte 4-8 Wochen vor den ersten Unterrichtsstunden stattfinden.

Im Rahmen der Vorbereitung des Kindes auf den Unterricht können die Eltern Übungen auf unterschiedliche Weise durchführen:

- selbstständig in einer kleinen Badewanne,
- in einer kleinen Badewanne mithilfe einer dritten Person,
- in einer großen Badewanne zusammen mit dem Kind,
- in einer großen Badewanne zusammen mit dem Kind und mithilfe einer dritten Person,
- selbstständige Übungen des Kindes in einer großen Badewanne.

Zum Spielen in der Badewanne können verschiedene Spielzeuge verwendet werden. Typische Spielzeuge für die Badewanne sind: Bälle, Gießkanne, ein Schaumpuzzle oder spezielle Bademarker für den Einsatz nach dem Bad.

Übungen in der Badewanne

· Kleine Wasserratte

Wassergewöhnung des Kindes

Das Vertrautmachen des Kindes mit Wasser sollte langsam beginnen, indem man seine Beine benetzt, dann seinen Bauch und Rücken. Wenn das Kind selbstständig ist, d. h., wenn es sitzen und, besser noch, stehen kann, können wir es darüber bestimmen lassen, wie nass es gemacht werden will. Das Kind wird selbst im Wasser sitzen, wenn es dazu bereit ist.

wir eine spezielle Matte für den Boden der Badewanne kaufen.

Halten Sie das Kind sicher.

Ein Kind spannt sich in stressigen Momenten an. Lassen Sie dem Kind Zeit, sich an die neue Situation zu gewöhnen, sodass es sich entspannen kann, bevor wir ernsthaft beginn-

Benetzen Sie das Kind langsam, sodass Sie ihm Zeit geben, sich zu entspannen. Beginnen Sie damit, seine Beine einzutauchen, und machen Sie als Nächstes seinen Rücken nass.

BEACHTEN SIE: Wenn wir das Kind im Wasser platzieren, müssen wir es fest und sicher unterstützen. Wenn wir Angst haben, dass es dem Kind im Bad ein bisschen zu rutschig ist, sollten

Übungen in der Badewanne

nen, das Kind mit dem Wasser vertraut zu machen.

Wenn Sie mit dem Kind in das Wasser gehen, bitten Sie, wenn möglich, einen Partner, Ihnen das Kind zu reichen, wenn Sie bereits sicher in der Badewanne sitzen. Wenn dies nicht möglich ist, steigen Sie mit dem Kind zusammen vorsichtig in die Badewanne, wobei Sie darauf achten, es nicht nass zu machen.

Wenn Sie sitzen, halten Sie das Kind so, dass nur seine Zehen das Wasser berühren ...

... und machen Sie dann langsam einen größeren Teil der Beine des Kindes nass.

Ein älteres Kind, das mindestens sitzen kann, kann auf den Rand der Badewanne gesetzt werden, sodass es frei in das Wasser treten kann. Natürlich halten wir das Kind die ganze Zeit über sicher fest.

⭐ **Kleine Wasserratte**

Das Begießen des Kindes mit Wasser

Wenn Sie das Kind nass machen, sollten Sie es nicht sofort vollständig eintauchen. Beginnen Sie, indem Sie langsam Wasser über das Kind gießen. Ein Baby ist an intensiven Kontakt mit Wasser nicht gewöhnt. Zu Anfang des Badens können wir Wasser aus der Handfläche gießen, und wenn das Kind Angst hat, bespritzen Sie es mit Wassertropfen. Die Intensität des Begießens mit Wasser sollte unter anderem von der Muskelspannung des Kindes abhängen. Wir begießen das Kind mit Wasser, sodass es sehen kann, woher das Wasser kommt und in der Lage ist, seine Hände auszustrecken. Wenn das Kind älter ist, können wir eine Gießkanne, eine Tasse oder einen anderen Behälter verwenden.

Wenn wir das Kind mit Wasser begießen, beginnen wir bei den Füßen und enden an seinem Kopf.

Begießen Sie das Kind ...

... oder mit einer Gießkanne.

... mit der offenen Handfläche

Wir beginnen mit dem Begießen der Beine,

Übungen in der Badewanne

dann gießen wir Wasser auf den Bauch ...

und dann auf den Kopf.

Wenn wir Wasser auf den Kopf des Kindes sprenkeln, schließt das Kind die Augen.

Wir können das Kind in verschiedenen Positionen mit Wasser begießen, auch wenn es auf dem Bauch liegt. Wir können Wasser auf seinen Rücken gießen, indem wir den „Kelch"-Griff verwenden. Das heißt, wir bewegen die Handflächen unter den Kopf des Kindes, wobei der Stabilität wegen die Daumen nach oben gerichtet sind und die Handgelenke nebeneinanderliegen müssen. In dieser Position brauchen wir die Hilfe eines Partners, um das Kind mit Wasser zu begießen.

Auch beim Baden mit dem Kind können wir es mit Wasser begießen. Dies können wir tun, indem wir es so halten, dass es uns seinen Rücken zuwendet ...

⭐ Kleine Wasserratte

oder uns mit dem Gesicht gegenübersitzt – dann sehen wir das Gesicht des Kindes und seine Reaktion. Dies ist vor allem zu Anfang sicherer.

Wenn wir die Übungen mit dem Kind variieren möchten, können wir das Kind auf unseren Unterarm legen und mit unserer Handfläche den anderen Arm des Kindes fassen („Karussellgriff"). Wir unterstützen das Kind leicht am Rücken, weil ein Baby in diesem Alter immer noch nicht vollständig entwickelt ist.

Übungen in der Badewanne

Wir begießen auch ältere Kinder mit Wasser; wir können sie auch ermutigen, sich selbst mit Wasser mit einer Gießkanne oder sogar mit einer Dusche zu begießen.

Auf dem Rücken im Wasser liegen

Auf dem Rücken im Wasser zu liegen, ist für viele Kinder ein großes Problem. Daher ist es sinnvoll, das Kind in der vertrauten häuslichen Umgebung an diese Position zu gewöhnen.

Von dem Moment an, in dem das Kind beginnt, sich selbst auf den Bauch zu drehen, ist es nicht länger bereit, auf dem Rücken zu liegen. Das liegt daran, weil es neue motorische Fähigkeiten erlernt hat und diese die ganze Zeit über anwenden möchte – genauso wie ein Kind, das sitzen kann, sich nicht mehr hinlegen will. Wenn das Kind stehen kann, will es nicht mehr sitzen. Ältere Kinder, die bereits sitzen können, haben auch ein Problem damit, sich auf den Rücken zu legen. Für sie ist auch Liegen nicht attraktiv.

Für einige Kinder tritt ein zusätzliches Problem auf, wenn sie Wasser in ihre Ohren bekommen. Denken Sie daran, dass es, wenn Wasser in die Ohren eines Kindes läuft, ausreichend ist, nach dem Baden die Ohren sorgfältig mit einem Handtuch zu trocknen, oder das Kind auf die eine Seite und dann die andere Seite zu drehen, sodass das Wasser hinauslaufen kann.

Es gibt mehrere Griffe oder Halteweisen, die man in der Badewanne anwenden kann, um das Kind sicher in der Rückenlage zu halten.

Wir legen das Kind auf den Rücken und unterstützen mit einer Hand seinen Kopf (am Hinterkopf), während wir mit der anderen Hand sein Kinn stabilisieren.

⭐ Kleine Wasserratte

Wir können die gleiche Übung mit älteren Kindern durchführen.

Wir können das Kind auch mit einer Hand unterstützen. Zur Stabilisierung kann das Kind sich zusätzlich auf dem Boden der Wanne selbst abstützen.

Statt am Kinn können wir das Kind auch auf der Höhe des Kreuzbeins abstützen. Wir unterstützen das Kind abwechselnd mit einer Hand und dann mit der anderen – auf diese Weise lernt das Kind, sein Gleichgewicht zu halten und auf dem Wasser zu liegen.

Alternativ können wir das Kind unter der Rückseite des Kopfs unterstützen.

Wir können die gleiche Übung durchführen, wenn wir zusammen mit dem Kind in der Badewanne sitzen. Das Kind liegt auf der Innenfläche der sich unter seinem Kopf befindenden Hand. Wenn das Kind ängstlich ist,

Übungen in der Badewanne

können wir die andere Hand von oben auf seinen Brustkorb legen (diese Halteweise wird „Wasserbett" genannt).

Wenn wir in der Lage sind, das Kind sicher mit einer Hand abzustützen, können wir mit der anderen Hand ein Spielzeug nehmen und so bewegen, dass das Kind ihm mit den Augen folgen kann, oder, wenn es älter ist, seine Hand ausstrecken kann, um es zu erreichen.

Die nächste Halteweise ist das „Abschleppen": Wir legen das Kind in Rückenlage auf die Handinnenflächen, wobei die Daumen nach oben zeigen. Der Kopf des Kindes liegt auf unseren Handgelenken. Darüber hinaus können wir das Kind sanft zur Seite bewegen. Selbstverständlich machen wir diese Bewegung sehr langsam. Eine Bewegung des Kindes verursacht abwechselnd eine Entspannung und ein Anspannen der Muskeln auf beiden Seiten der Brust. Das Kind lernt auf diese Weise, sein Gleichgewicht zu halten, und wird auch an das Plätschern des Wassers gewöhnt.

Ältere Kinder können allein im Wasser liegen, wobei sie zusätzlich z. B. das Eintauchen ihres Kopfs trainieren.

⭐ **Kleine Wasserratte**

Beinstimulation in Rückenlage

Beinübungen können in verschiedenen Positionen durchgeführt werden.

Wenn Hilfe verfügbar ist, können wir das Kind auf unsere Handinnenflächen legen, wobei die Daumen nach oben zeigen, während die zweite Person dem Kind dabei hilft, seine Beine zu bewegen.

Wir können die Halteweise zur „Wiege" hin ändern und das Kind auf den Unterarm legen, wobei wir es mit dem ausgestreckten Arm unterstützen und mit der freien Hand die Arbeit seiner Hände stimulieren, oder,

Übungen in der Badewanne

zum Beispiel, dem Kind ein Spielzeug zeigen, das seine Aufmerksamkeit weckt, sodass es danach greift.

Mit älteren Kindern, die bereits stabil sitzen können, können Kickbewegungen beim Sitzen in der Badewanne geübt werden.

Die Beinarbeit kann auch stimuliert werden, wenn man zusammen mit dem Kind in der Badewanne sitzt.

Zur Abwechslung können wir ein Spielzeug in die Badewanne werfen, wonach das Kind tritt. Der Einsatz von Spielzeug bewirkt, dass das Kind sich darauf konzentriert. Es handelt sich also um ein hervorragendes Konzentrationstraining für das Baby.

⭐ **Kleine Wasserratte**

Liegen auf dem Bauch

Einer der grundlegenden Griffe, die eine stabile Lage auf dem Bauch ermöglichen, ist der sogenannte *Kelch*. Wir legen das Kind auf unsere Handinnenflächen, wobei die Daumen nach oben zeigen und die Handgelenke nebeneinanderliegen – wodurch das Kind daran gehindert wird, seinen Kopf unter Wasser zu tauchen, es sei denn, man erlaubt ihm, dies zu tun.

WICHTIG! Ziehen Sie das Kind in dieser Position nicht aus dem Wasser.

Übungen in der Badewanne

Diese Halteweise kann auch verwendet werden, wenn wir zusammen mit dem Kind in der Badewanne sitzen. Wir können das Kind auf uns zu- oder von uns wegbewegen; wir können auch leichte seitliche Bewegungen mit ihm machen. Diese Vielfalt beeinflusst die Entspannung des Kindes und aktiviert seine Beinarbeit.

Wenn wir das Kind auf uns zuziehen, können wir versuchen, Blickkontakt mit ihm aufzunehmen, um seine Konzentration zu trainieren.

Kleine Wasserratte

Beinstimulation in Bauchlage

Es ist am besten, an den Beinbewegungen zu arbeiten, wenn eine zweite Person anwesend ist, die uns hilft und alternativ mit beiden Beinen des Babys arbeitet. In dieser Situation verwenden wir den „Kelch"-Griff, und die zweite Person bewegt die Beine des Kindes. Während der Durchführung dieser Übung sollte man daran denken, dass die Bewegung in den Hüften beginnt und dass die Knie des Kindes nicht zu sehr gebeugt werden dürfen. Versuchen Sie, dem Kind dabei zu helfen, beide Beine voll zu bewegen. Denken Sie auch daran, dass die Übungen vorsichtig und langsam in einem Bewegungsumfang durchgeführt werden, der dem Kind nicht schwer fällt. Lassen Sie das Kind spontane, selbstständige Bewegungen durchführen. Dabei sagen wir zum Beispiel „hopp, hopp", sodass das Kind die Bewegungen mit einem festen Signalwort assoziiert.

Übungen in der Badewanne

In Bauchlage auf einem Schwimmbrett

Auf dem Bauch auf einem Brett zu liegen, ist eine ausgezeichnete Übung, die die stabile Bauchlage und eine angemessene Unterstützung durch die Hände fördert.

Wenn man ein Schwimmbrett zu Hause hat, kann man das Kind darauf setzen und es zum Beispiel vorsichtig hin- und herschaukeln.

Wenn wir Hilfe haben, können wir auch die Beinbewegung üben.

Ältere Kinder können das Bilden von Blasen üben.

⭐ **Kleine Wasserratte**

In Rückenlage auf einem Schwimmbrett

Auf dem Schwimmbrett kann man auch die Rückenlage trainieren, einschließlich des Seitschaukelns. Während der Übungen lockert das Baby das Becken und aktiviert auch seine Bauchmuskulatur durch Anheben der Beine und ihre abwechselnde Arbeit.

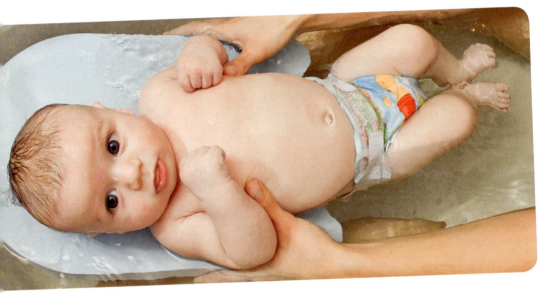

Liegen und dabei die Beine schwingen.

Übungen in der Badewanne

Aktives Ausatmen und Tauchen

Das Atemanhalten im Moment des Gesichteintauchens und das aktive Ausatmen ins Wasser sind zwei Fähigkeiten, die wichtig für das spätere Schwimmenlernen sind. Mit dem Üben dieser Fähigkeiten kann man auf der Stufe der Babyspiele in der Badewanne beginnen.

Manchmal schließen Kinder ihren Mund nicht, wenn sie ihren Kopf unter Wasser tauchen. Machen Sie sich darüber keine Sorgen, denn kleine Kinder (bis zum Alter von ca. sechs Monaten) schließen automatisch ihre Atemwege, um das Eindringen von Wasser zu verhindern.

Untertauchen in der Badewanne: Wir versuchen, den Atemrhythmus des kindlichen Brustkorbs zu fühlen – wenn das Kind einatmet – und wenn das Kind ausatmet.

1.

2.

3.

4.

1. Im Augenblick des beginnenden Ausatmens tauchen wir das Kind unter und ziehen es dabei an uns heran und nach unten.
2. Während des Eintauchens bewegt das Kind sich zuerst vertikal, dann horizontal.
3. Während des Eintauchens hat das Kind die Augen und den Mund geschlossen.
4. Ein glückliches Kind nach dem ersten Tauchgang seines Lebens.

⭐ Kleine Wasserratte

Aktives Ausatmen im Wasser.

ACHTUNG!

1. Wir sprechen mit dem Kind. Wir denken uns ein Schlüsselwort aus, das dem Tauchen vorausgeht, sodass das Kind sich darauf vorbereiten kann und nicht überrascht wird, z. B.: „1, 2, 3, tauchen."
2. Üben Sie das Tauchen so, dass das Kind einen nassen Kopf und ein nasses Gesicht hat, um besser auf das Untertauchen vorbereitet zu sein.

Das Bilden von Luftblasen – man kann verschiedene Varianten mit dem Kind üben:
- leichtes Blasen: das Bilden von Schaumblasen,
- das Ausblasen von Luft in verschiedenen Wassertiefen,
- das Ausblasen unterschiedlicher Luftmengen,
- Sprechen und Singen während des Ausatmens.

Weitere Spiele und Übungen

Kennenlernen des eigenen Körpers

Für Kinder ist es wichtig, dass sie schnell lernen, wie ihr Körper aussieht. Ein Element dieses Prozesses besteht darin, die Mittellinie des Körpers zu überqueren – üben Sie dies, indem Sie Kinder, die jünger als 4,5 Monate sind, dazu ermutigen, die zentrale Körperlinie zu überqueren, indem sie nach einem Spielzeug greifen (das gilt auch für ältere Kinder, wenn sie dies noch nicht tun).

Übungen in der Badewanne

Das Verbinden der Hände miteinander

Wir begleiten die Bewegung vorsichtig über den gesamten Bewegungsumfang des Kindes bei einer gegebenen Entwicklungsstufe. Übung stimuliert die Synchronisation der Gehirnhälften und hilft dem Kind auch beim Erlernen der symmetrischen Rückenlage. Diese Übung ist besonders wichtig für Kinder, die jünger als drei Monate sind oder für jene Kinder, die die Hände nicht von alleine zusammenbringen.

Versuchen Sie, die Aufmerksamkeit des Kindes zu erregen

Hierbei üben wir die Konzentration der Aufmerksamkeit des Kindes auf ein Objekt. Für die jüngsten Kinder verwenden wir schwarze und weiße Spielzeuge.

Üben mit einem Ball: Der Abwechslung halber verwenden wir Spielzeug aus unterschiedlichen Materialien, z. B. Bälle mit Noppenoberflächen, mit denen wir das Kind während der Spielzeit in der Badewanne massieren.

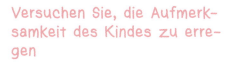

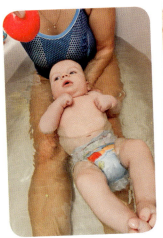

★ Kleine Wasserratte

Spielen in der Badewanne

Die in der Badewanne verbrachte Zeit sollte in Übungs- und Spielzeit unterteilt werden. Um die mit dem Kind in der Badewanne verbrachte Zeit abwechslungsreich zu gestalten, können wir viele interessante „natürliche" und käuflich erhältliche Spielzeuge verwenden. In der Badewanne kann das Kind zum Beispiel …

… mit abwaschbaren Filzbuntstiften spielen;

… mit Puzzles spielen, die an den Kacheln kleben;

Übungen in der Badewanne

… mit Schaum spielen;

… mit Spielzeug, kleinen Wasserbehältern usw. spielen.

Das Kind sollte häufig zum Blasen aufgefordert werden, z. B. durch einen Strohhalm, damit es seinen Mund und Kopf nass macht.

Sicherheit

Grundsätze des sicheren Badens – Ratschläge der Freiwilligen Wasserrettung

Zu den Prinzipien des sicheren Badens gehört auch das Verhalten vor dem Betreten des Beckens, während des Badens und nach dem Verlassen des Beckens. Um das Baden sicher zu gestalten, sollten die Eltern mit dem Kind im Schwimmbad die folgenden 10 Richtlinien beachten:

1. Fragen Sie den Arzt, ob das Kind am Schwimmunterricht im Schwimmbad teilnehmen darf.
2. Füttern Sie das Kind nicht unmittelbar vor oder nach dem Baden.
3. Stellen Sie sicher, dass das Kind sich beim Spielen im Wasser psychisch und physisch wohlfühlt.
4. Kühlen Sie den Körper des Kindes unmittelbar vor dem Baden mit Wasser ab.
5. Kontrollieren Sie, ob das Kind einen Gegenstand im Mund hat, der zum Ersticken führen könnte.
6. Machen Sie sich mit dem Schwimmbad vertraut und beachten Sie die Schwimmbadregeln.
7. Beachten Sie die Anweisungen des den Unterricht leitenden Lehrers und die des Schwimmmeisters.
8. Lassen Sie das Kind nicht allein ohne die Betreuung eines Erwachsenen.
9. Betreten und verlassen Sie das Becken unter Beachtung der Sicherheit.
10. Informieren Sie im Falle eines Unfalls unverzüglich den den Unterricht leitenden Lehrer und den Schwimmmeister.

Erste Hilfe für ein Baby, das nicht atmet, Erstickungssymptome zeigt oder an einem Objekt zu ersticken droht

Während des Unterrichts im Wasser kann es vorkommen, dass das Baby nicht mehr atmet oder Erstickungssymptome zeigt. Dies hängt mit der unzureichenden Entwicklung seiner Atemwege und den anatomischen Unterschieden zusammen. Es stellt sich die Frage: „Warum haben Erwachsene Angst, ein Baby zu retten?" Die Antwort scheint offensichtlich zu sein. Unterschiede im Körperbau und die typischen Beschwerden von Kindern führen dazu, dass Erwachsene Angst haben, falsche Erste Hilfe zu leisten und vielleicht Schaden anzurichten. Sie unternehmen keine lebensrettenden Aktivitäten und übertragen diese Verpflichtung auf den ärztli-

Sicherheit

chen Dienst. Es sollte betont werden, dass es sehr wichtig für die Gesundheit und das Leben des Opfers ist, dass lebensrettende Maßnahmen innerhalb der ersten 4 Minuten, nachdem ein Vorfall eingetreten ist, begonnen werden. Je früher man mit den lebensrettenden Maßnahmen beginnt, desto größer ist die Chance, dass das Opfer überlebt und sich vollständig erholt.

Das Wiederbelebungsverfahren für Babys wird im Folgenden vorgestellt.

Unter **Reanimation** versteht man die Wiederherstellung der Funktion der Atemwege und/oder des Kreislaufsystems.

Schema der grundlegenden Reanimationsmethoden für Kinder:

KONTROLLIEREN SIE DIE SICHERHEIT.

Wenn das Kind nicht reagiert, RUFEN SIE LAUT UM HILFE.

BEFREIEN SIE DIE ATEMWEGE DES KINDES UND KONTROLLIEREN SIE SEINE ATMUNG.

Wenn das Kind nicht richtig atmet, FÜHREN SIE FÜNF RETTUNGSBEATMUNGEN DURCH.

Wenn kein Lebenszeichen erkennbar ist: DRÜCKEN SIE 30 X AUF DEN BRUSTKORB.

ZWEI MUND-ZU-MUND-BEATMUNGEN

Nach 1 min und erfolglosen Herz-Lungen-Wiederbelebungsmaßnahmen müssen Sie den Notarzt rufen.

Präzise Beschreibung der besonderen Aktionen

Sicherheitsevaluation

Eltern, die (als Retter) Hilfe leisten, müssen vor Beginn der Reanimation sicherstellen, dass ihre eigene Sicherheit und die Sicherheit des verletzten Babys gewährleistet ist.

Prüfen Sie die Unfallstelle und beseitigen Sie alle Gefahren für den Retter und das Opfer.

Für die eigene Sicherheit und die des Opfers muss der Retter Handschuhe benutzen.

Kleine Wasserratte

Prüfen Sie den Bewusstseinszustand des Babys

Um den Bewusstseinszustand des Babys zu beurteilen, ist es notwendig, seine Reaktionen auf Reize zu beobachten.

Dies tun Sie, indem Sie seine Füße oder die Innenseiten seiner Handflächen berühren. Schlagen Sie nie ein Baby.

Stellen Sie sicher, dass Sie jemanden haben, der Hilfe leisten kann. Rufen Sie um Hilfe

Wenn das Baby keine Reaktion auf einen Reiz zeigt, müssen Sie sicherstellen, dass Sie jemanden haben, der Hilfe leisten kann. Dabei handelt es sich um eine Person, die bei dem Retter bleibt und, falls erforderlich, weitere Hilfe herbeirufen kann.

Wenn niemand in der Nähe ist, muss der Retter laut um Hilfe rufen.

Sicherheit

Reinigen Sie die Atemwege des Babys und überprüfen Sie seine Atmung

Um die Atmung zu beurteilen, sollte eine Person, die Hilfe leistet, die Atemwege des Babys reinigen. Legen Sie dazu das Kind in einer „Schnüffel"-Position auf eine harte Oberfläche. Dies tun Sie, indem Sie Ihre Hand oder zum Beispiel Windeln unter den Rücken des Kindes legen. Dies bewirkt automatisch ein Zurückneigen des Kopfs mit nach oben zeigender Nase. Prüfen Sie, ob sich etwas in der Mundhöhle des Kindes befindet. Befindet sich ein sichtbarer Fremdkörper oder Mageninhalt in der Mundhöhle, ist es notwendig, diese zu reinigen. Man kann dies tun, indem man zwei mit Gaze umwickelte Finger in den Mund des Babys einführt. Untersuchen Sie die Mundhöhle des Babys nie mit den Fingern, wenn nichts sichtbar ist.

Wenn die Mundhöhle sauber ist, beugen Sie sich über das Baby und überprüfen Sie, ob es richtig atmet. Legen Sie Ihr Ohr an den Mund und die Nase des Opfers.

Beobachten Sie aus dem Augenwinkel die Bewegungen des Brustkorbs und versuchen Sie, die Bewegung der Luft an Ihrer Wange zu spüren. Wenn das Baby nicht richtig atmet, ist es erforderlich, die Lungen künstlich zu beatmen.

Fünf Mund-zu-Mund-Beatmungen

Um fünf Rettungsbeatmungen durchzuführen, ist es notwendig, sich über das Baby zu beugen und seinen Mund und seine Nase mit dem eigenen Mund dicht abzudecken und dann Luft so in den Mund des Kindes zu blasen, dass nur der Brustkorb sich anhebt. Als Nächstes sollte der Retter seinen Mund vom Mund und von der Nase des Kindes lösen und beobachten, ob der Brustkorb sich senkt. Wenn dies der Fall ist, bedeutet dies, dass wir eine ordnungsgemäße Beatmung durchgeführt haben, und diese Aktion sollte 5 x wiederholt werden. Wenn als Ergebnis dieser Aktion die richtige Atmung sich wieder eingestellt hat, wendet man die Sicherheitsposition an.

Wenn kein Lebenszeichen zu beobachten ist, ist es notwendig, eine Herz-Lungen-Wiederbelebung einzuleiten.

Herz-Lungen-Wiederbelebung (HLW) 30-2

Um mit der Herz-Lungen-Wiederbelebung zu beginnen, muss der Retter zwei Finger (Zeige- und Mittelfinger) auf den Brustkorb des Babys legen. Drücken Sie den Brustkorb 30x nach unten und führen Sie dann zwei künstliche Beatmungen durch. Es ist notwendig, dass man die Aufmerksamkeit auf die Qualität des aufgebrachten Drucks richtet. Die Kompression des Brustkorbs beträgt bei allen Kindern mindestens ein Drittel des Brust-Rücken-Abstandes, d. h. etwa 4 cm bei Säuglingen. Die Häufigkeit der Brustkorbkompressionen sollte 100-120 x/min betragen.

Sicherheit

Das Herbeirufen von Hilfe

Nach 1 min erfolgloser Wiederbelebungsmaßnahmen ist es notwendig, einen Krankenwagen zu rufen, indem man die Notrufnummern anruft. Sie lauten in den meisten Ländern 112 oder 911.

Wenn es nicht möglich ist, effektiv Hilfe herbeizurufen, empfiehlt es sich, „mit dem Kind um Hilfe zu laufen".

WICHTIG:

Der Retter setzt die Wiederbelebungsmaßnahmen fort bis zu dem Moment:

- in dem das Baby die lebenswichtigen Funktionen wiedererlangt hat,
- in dem der Krankenwagen eintrifft,
- in dem der Retter erschöpft ist.

Wie man das Baby in eine sichere Position bringt

Halten Sie das Baby in den Händen, wobei sein Kopf weggedreht ist und nach unten zeigt. Diese Position verhindert, dass die Atemwege versperrt werden und schützt vor Erstickungsgefahr. Überwachen Sie die Vitalfunktionen, und, im Falle ihres Verschwindens, führen Sie Herz-Lungen-Wiederbelebungsmaßnahmen durch.

⭐ **Kleine Wasserratte**

Erstickungssymptome und Einatmen flüssiger oder fester Stoffe in die Atemwege

Die Behandlung von Erstickungssymptomen bei Babys erfordert eine Analyse des Bewusstseinszustandes und der Wirksamkeit des Hustens.

Beim Spielen im Wasser kommt es häufig zum Würgen, Einatmen von Flüssigkeit oder durch die Aufnahme von Gegenständen ausgelösten Erstickungssymptomen. Auch Gegenstände, die das Baby in den Mund nimmt, können eine Verstopfung der Atemwege verursachen.

Wenn das Baby hustet und der Husten effektiv ist, sollte man das Baby auffordern, zu husten, wobei man die Vitalfunktionen ständig überwacht. Es ist ein großer Fehler, wirksamen Husten dadurch zu unterbinden, indem man der hustenden Person auf den Rücken schlägt.

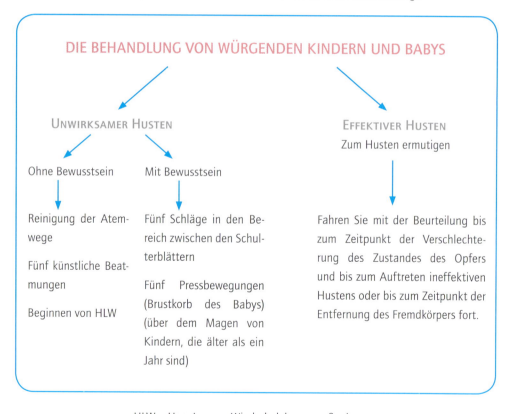

HLW = Herz-Lungen-Wiederbelebungsmaßnahmen

Sicherheit

Situation I – Husten ineffektiv, Baby bei Bewusstsein

Wenn der Husten ineffektiv wird, das Baby aber bei Bewusstsein ist, setzen Sie sich mit dem Baby hin und legen Sie es entlang der Körpermittellinie auf Ihren Unterarm. Das Gesicht des Babys sollte in Richtung des Bodens gedreht werden, zusätzlich halten wir die unteren Extremitäten des Babys mit unserem Arm fest. Schlagen Sie bis zu 5 x in den Bereich zwischen den Schulterblättern. Beobachten Sie nach jedem Schlag, ob der Fremdkörper aus dem Atemtrakt ausgestoßen wurde. Wenn nicht, dann drehen Sie das Baby in der gleichen sitzenden Position auf den Rücken, sodass sein Gesicht nach oben gerichtet ist, der Kopf aber auf jeden Fall unterhalb der Höhe des Herzens liegt. Legen Sie zwei Finger, den Zeigefinger und den Mittelfinger, auf den Brustkorb und drücken Sie 5x. Prüfen Sie nach jedem Drücken den Inhalt der Mundhöhle. Solche Doppelsequenzen, d. h. bis zu fünf Schläge in den Bereich zwischen den Schulterblättern und bis zu fünf Anwendungen von Druck über der Bauchregion, können bis zu 5 x angewendet werden. Wenn diese Behandlungsmethode keine Wirkung zeigt, das heißt, die Atemwege wurden nicht freigemacht, fahren Sie mit den Herz-Lungen-Wiederbelebungsmaßnahmen fort.

Situation II – ineffektiver Husten, Baby nicht bei Bewusstsein

Wenn der Husten ineffektiv und das Baby nicht bei Bewusstsein ist, müssen Sie das Schema der Wiederbelebungsmaßnahmen anwenden.

Endlich im Schwimmbecken

Betreten des Beckens

Es gibt mehrere Möglichkeiten, wie das Kind in das Becken gelangt.

a. Benutzen Sie als einfachsten und sichersten Weg die Treppe.

Für Kinder, die Angst vor der Umgebung haben.

Für mutigere Kinder.

Endlich im Schwimmbecken

b. Ohne Benutzung der Treppe, mit der Hilfe einer zweiten Person.

Dies ist die Methode, bei der uns eine am Beckenrand stehende Person das Baby reicht.

Die am Rand stehende Person hält das Kind am Brustkorb von hinten und übergibt es an die Person, die im Wasser steht. Die im Wasser stehende Person greift den Brustkorb des Kindes von vorn, nicht an den Schultern, da diese entgleiten können.

⭐ Kleine Wasserratte

c. Ohne Benutzung der Treppe selbstständig (für Kinder, die bereits selbst sitzen können).

Wir setzen das Kind neben uns auf den Beckenrand.

Gehen Sie langsam ins Wasser, wobei Sie das Kind mit Ihren Armen davor schützen, ins Wasser zu fallen oder sich nach hinten zu neigen und dann nach hinten zu fallen.

Endlich im Schwimmbecken

Positionieren Sie Ihre Hände so, dass Sie das Kind von der Seite am Brustkorb zuerst mit der einen und dann mit der anderen Hand greifen können.

Wenn Sie bereits fest stehen, sodass Sie sich dem Kind gegenüber befinden, können Sie es sanft auf die Wasseroberfläche hinunterziehen.

⭐ Kleine Wasserratte

Je nach Alter des Kindes können wir in das Wasser gehen, indem wir das Kind in den folgenden Positionen halten:

a. „Herz an Herz", d. h. uns gegenüber. Diese Position ist bei kleinen Kindern, das heißt, bei Kindern, die jünger als sechs Monate sind, zu empfehlen, vor allem beim ersten Besuch im Schwimmbad.

Wenn die Kinder älter sind, werden sie auf der Hüfte der Bezugsperson gestützt.

Endlich im Schwimmbecken

b. Mit dem Rücken zur Mutter oder zum Vater, wobei das Kind unter seinem Gesäß in halb sitzender Position unterstützt wird.
c. Das Kind geht allein ins Wasser, was davon abhängt, ob es laufen kann.

Es ist wichtig, dass man, während man das Kind hält, in der Lage ist, es zu halten, wenn es ausrutscht.

Bevor man mit dem Kind ins Wasser geht, versucht man, es darauf vorzubereiten. Wir können uns zum Beispiel auf den Beckenrand setzen und langsam beginnen, das Kind nass zu machen, indem wir seine Beine bespritzen.

★ Kleine Wasserratte

Methoden des Haltens des Kindes im Becken

Wenn wir uns mit dem Kind im Wasser bewegen, können wir die Griffe anwenden, die für das Betreten des Beckens empfohlen wurden, und wir können das Kind auch am Brustkorb halten, und zwar nicht von hinten, sondern „Gesicht zu Gesicht".

Halten des Kindes am Brustkorb, nicht von hinten, sondern „Gesicht zu Gesicht"

Halten Sie das Kind an den Seiten, am Brustkorb, sodass Ihre Handflächen auf dem Rücken des Kindes und die Daumen auf der Vorderseite seines Brustkorbs lie-

gen. Es ist wichtig, dass das Kind seinen Kopf stabil aufrecht hält.

In dieser Position können Sie das Kind frei heben. Wenn Sie das Kind am Brustkorb halten, vermeiden Sie das Risiko, dass die Schultern des Kindes durch Ihre Hände rutschen.

Endlich im Schwimmbecken

Auf ähnliche Weise können Sie das Kind von hinten halten, das heißt, Sie halten den Brustkorb mit den Fingern an der Vorderseite und mit den Daumen auf dem Rücken.

Wir können uns im Becken bewegen, indem wir das Kind auch auf unseren Hüften halten.

⭐ Kleine Wasserratte

Wie Sie das Kind darauf vorbereiten, ins Becken zu gehen

Bevor das Kind in das Wasser eintaucht, sollten Sie es auf den Kontakt mit dem Wasser vorbereiten. Dies kann auf zwei Arten geschehen: Machen Sie es nass, während es noch auf dem Beckenrand sitzt oder wenn es sich schon im Wasser befindet.

Das Kind sitzt vor uns, zwischen unseren Beinen. Erstens gießen wir Wasser mit der Hand auf seine Beine, dann halten wir seine Beine und bewegen sie gegen das Wasser.

Endlich im Schwimmbecken

Gießen Sie Wasser auf das Kind genauso wie bei der Vorbereitung zu Hause, wobei Sie mit den Beinen beginnen und am Kopf enden.

Dieses Verfahren kann im Wasser durchgeführt werden – wir können aus einer Gießkanne Wasser auf das Kind gießen, wobei wir das Kind mit dem „Karussellgriff" halten ...

⭐ Kleine Wasserratte

... oder wir können das Wasser mit der Hand auf das Kind gießen.

Endlich im Schwimmbecken

Halteweisen und Übungen für das Kind in Bauchlage

Übungen in Bauchlage sind in der Regel angenehm für das Kind. Das Kind sieht die Welt um sich herum, und, je nachdem, wie es gehalten wird, ist es in der Lage, die Mutter oder den Vater zu sehen. Besondere Aufmerksamkeit sollte folgenden Punkten gelten:

Wasser trinken. Viele Kinder trinken das Beckenwasser, was in Bauchlage sehr leicht fällt. Beckenwasser in kleinen Mengen zu trinken, ist nicht schädlich. Dennoch sollten Sie das Kind daran hindern, es zu tun.

Unkontrolliertes Untertauchen des Mundes kann unangenehm für das Kind sein.

Kleine Wasserratte

„Kelch"

Dies ist eine sehr gute Haltemethode, vor allem für Kinder unter sechs Monaten (wir können diesen Griff bei 3-4 Monate alten Kindern anwenden), wenn unser Kind noch nicht in der Lage ist, seinen Kopf sehr lange aufrecht zu halten. Diese Haltemethode kann auch bei älteren Kindern verwendet werden, aber nicht zu lange, denn sie schränkt die freie Bewegung des Kindes ein. Bei dieser Haltemethode, wie auch bei jeder anderen, versuchen wir, wenn es körperlich möglich ist, unser Gesicht auf der gleichen Höhe wie das Gesicht des Kindes zu halten, sodass wir einen uneingeschränkten Blickkontakt aufrechterhalten können.

Daumen von oben, eine Handfläche unter dem Brustkorb, Handgelenke nebeneinander.

Um sicherzustellen, dass der Halt stabil und sicher für das Kind ist, legen Sie die Handflächen weit unter den Brustkorb des Kindes, wobei die Daumen nach oben gerichtet sind, und legen Ihre Handgelenke nebeneinander.

In dieser Position fühlt das Kind sich sicher, weil es seine Mutter oder seinen Vater die ganze Zeit über sieht. Außerdem, wenn der Kopf des Kindes wegen Ermüdung nach unten fällt, befindet sich sein Mund immer noch nicht unter Wasser, weil es auf unseren Handgelenken abgestützt ist.

Diese Halteweise ermöglicht es uns, den Abstand zwischen uns und dem Kind zu verändern. Wir können das Kind weiter oder näher von uns weghalten. Wir bringen dem Kind bei, ins Wasser zu blasen oder das Wasser zu küssen.

Zur Abwechslung können wir auch sanfte Bewegungen zur Seite machen.

Endlich im Schwimmbecken

Kind in Bauchlage über der Schulter eines Erwachsenen

Legen Sie das Kind auf seinen Bauch, sodass sein Brustkorb von unserer Schulter getragen wird. Die Hände sollten sich vorn befinden. Halten Sie das Kind an den Beinen und helfen Sie ihm dabei, mit den Beinen auf und ab zu schlagen.

In dieser Position hat das Kind seine Hände frei und kann mit ihnen im Wasser planschen.

Das Kind sollte sich leicht zum Wasser hin neigen.

Da wir das Gesicht des Kindes nicht sehen, müssen wir es die ganze Zeit über beobachten.

Die gleiche Übung kann mit älteren Kindern durchgeführt werden. Sie können versuchen, die Tretbewegungen der Beine ohne unsere Hilfe durchzuführen.

Ältere Kinder können überredet werden, den Kopf unterzutauchen und das Ausatmen unter Wasser zu üben.

★ Kleine Wasserratte

Schräge (45°-Winkel)

Wir halten das Kind so, dass unsere Handflächen vorn auf seinem Brustkorb und die Daumen auf seinen Seiten liegen. Diese Position ermöglicht es, das Kind seitlich zu halten. Auf diese Weise können wir überprüfen, ob das Kind z. B. kein Wasser trinkt. Diese Halteweise wird für Kinder ab fünf Monaten empfohlen.

Für Kinder, die noch nicht in der Lage sind, den Kopf stabil zu halten, empfehlen wir, die Finger in Richtung des Unterkiefers des Kindes zu richten, sodass, wenn der Kopf des Kindes nach unten fällt, er auf unseren Fingern abgestützt wird.

Endlich im Schwimmbecken

Unter dem Brustkorb halten (sogenanntes „Karussell")

Setzen Sie das Kind auf den Unterarm, und halten Sie das Kind mit der Hand hinter dem Unterarm. Diese Halteweise wird empfohlen, wenn das Kind bereits seine Schultern ausreichend entwickelt hat, was normalerweise im Alter von ca. sechs Monaten der Fall ist. Der Griff darf nicht zu eng sein, um den Blutfluss in den Venen nicht zu unterbinden.

Halten Sie das Kind mit der Innenfläche der Hand unter dem Arm.

Bei dieser Halteweise können wir den Rücken des Kindes „massieren".

⭐ Kleine Wasserratte

Diese Halteweise ermöglicht es uns, das Kind frei und sicher über der Wasseroberfläche zu bewegen. Darüber hinaus ermöglicht sie dem Kind eine große Bewegungsfreiheit.

Außerdem können wir mit der freien Hand die Beinübungen unterstützen.

Endlich im Schwimmbecken

„Insel"

Wir stützen das Kind auf unserem Unterarm ab, wobei die Arme des Kindes auf diesem liegen. Unsere Hände sind gestreckt und miteinander verbunden. Sie müssen dicht genug nebeneinanderliegen, sodass das Kind nicht ins Wasser rutscht.

Bei dieser Halteweise liegt das Kind nicht flach auf dem Wasser. Es kann sich vertikal oder in einem Winkel zur Wasseroberfläche befinden.

⭐ Kleine Wasserratte

Diese Halteweise kann bei einem aktiven Kind zu Schwierigkeiten führen.

Die Bezugsperson kann den Eindruck haben, dass das Kind wegrutscht.

Wenn wir in der Lage sind, das Kind sicher zu halten, können wir im Wasser vor dem Kind mit der Hand planschen.

Endlich im Schwimmbecken

Auf gebeugtem Ellbogen

Wir legen das Kind auf unseren gebeugten Ellbogen, der auf dem Wasser liegt. Wenn das Becken flach ist, müssen wir ein wenig in die Hocke gehen. Das Kind wird auf dem Arm der Bezugsperson abgestützt und zwar von der anderen Seite durch den Unterarm.

Diese Halteweise ist für Kinder bestimmt, die ihren Kopf stabil aufrecht halten können.

In dieser Position hat das Kind volle Bewegungsfreiheit, oder es kann zum Beispiel mit seinen Händen planschen.

Kleine Wasserratte

Lage auf den Handinnenflächen der Bezugsperson – „Kellnertablett"

Diese Halteweise wird verwendet, wenn das Gewicht des Kindes und die Breite seines Brustkorbs es ermöglichen, das Kind auf einer Hand abzustützen. Legen Sie das Kind mit seinem Bauch auf Ihre Handinnenfläche, sodass sein Gesicht in Ihre Richtung zeigt. Halten Sie Ihre freie Hand sicherheitshalber in der Nähe des Kindes.

Für ein Kind, das jünger als sechs Monate ist, besteht, abgesehen von der Sicherheit durch die zweite Hand, in der Regel keine Notwendigkeit für eine zusätzliche „Unterstützung".

Bei älteren, sehr mobilen Kindern, sodass wir besorgt sind, dass das Kind wegrutschen könnte, oder es einfach schon zu schwer für uns ist, kann diese Übung nicht länger eingesetzt werden.

Endlich im Schwimmbecken

⭐ Kleine Wasserratte

„Korb"

Bei dieser Halteweise handelt es sich um eine gute Übung zur Stabilisierung des Körpers. Diese Position ähnelt derjenigen beim „Kelch", aber die Halteweise ist etwas tiefer. Das Kind blickt die Mutter oder den Vater an. Wir greifen das Kind auf jeder Seite auf der Höhe des Brustkorbs. Das Kind hat völlige Bewegungsfreiheit in den Schultern.

Zur Variation der Übungen können wir das Kind hin- und herschaukeln und es leicht auf- und abbewegen.

Endlich im Schwimmbecken

Stimulation mit den Händen – "Kraul"

Wenn uns die "Karussell"-Position ganz vertraut ist, können wir Übungen einführen, die die Arbeit der Hände stimulieren, den sogenannten *Kraul*. Halten Sie das Kind mit der Handinnenfläche oder dem Unterarm, und helfen Sie ihm dabei, Bewegungen auszuführen, die in etwa den "Kraulbewegungen" ähneln.

Wir halten das Kind am Unterarm und machen kreisende Bewegungen.

Ältere Kinder fordern wir auf, die Übungen ohne unsere Hilfe zu absolvieren.

★ Kleine Wasserratte

Endlich im Schwimmbecken

Stimulation der Hände – nach Spielzeug greifen

Wir halten das Kind von hinten am Brustkorb oder an den Hüften oder legen das Kind auf unseren Unterarm, sodass es seine Hände frei bewegen kann. Werfen Sie ein Schwimmspielzeug vor sich hin und schwimmen Sie dann darauf zu, sodass das Kind danach greifen kann. Wir können die Übung modifizieren und das Kind anheben, sodass es nach unten nach dem Spielzeug greifen kann. Man kann auch ein Spielzeug verwenden, das im Wasser absinkt, sodass das Kind versuchen kann, unter Wasser nach ihm zu greifen.

⭐ Kleine Wasserratte

Die Hände können abwechselnd stimuliert werden: rechts, links; man kann auch das Kind auffordern, beide Hände gleichzeitig zu verwenden oder auch erst rechts, dann links oder vom Körper weg, sodass das Kind die Mittellinie des eigenen Körpers kreuzt.

Endlich im Schwimmbecken

Stimulation der Hände – mit Wasser spritzen

Mit Wasser zu spritzen, ist eine ausgezeichnete Übung, nicht nur für die Arbeit der Hände, sondern auch, um das Kind mit dem Wasser vertraut zu machen.

Diese Übung kann unter Verwendung verschiedener Griffe durchgeführt werden. Der beste Griff ist die „Insel".

★ Kleine Wasserratte

Stimulation der Beine

Der „Karussell"-Griff ermöglicht es uns, auch Übungen durchzuführen, die die Entwicklung der Beinarbeit unterstützen. Das Kind kann seine Beine von selbst kicken – wir können dem Kind helfen, indem wir es über die Wasseroberfläche bewegen, was bei der Mehrheit der Kinder eine Beinbewegung verursacht. Wenn das Kind seine Beine nicht kickt, können wir ihm mit der freien Hand helfen.

Das Kicken der Beine kann auch erfolgen, wenn das Kind auf unserem Arm liegt.

Endlich im Schwimmbecken

⭐ Kleine Wasserratte

Nassmachen einer Wange, dann der anderen Wange

Wir halten das Kind am Brustkorb, sodass es uns anschaut, und dann neigen wir das Kind zuerst auf eine Seite und dann auf die andere, sodass zunächst eine und dann die andere Wange benetzt wird. Zu Anfang absolvieren wir diese Übung sehr langsam, und dann versuchen wir, die Wangen leicht zu benetzen. Je mehr das Kind sich an das Wasser gewöhnt hat, desto schneller können die Bewegungen sein, und dann versuchen wir, neben der Wange auch das Ohr nass zu machen.

Diese Übung ist eine Vorbereitung auf das Tauchen. Wir gewöhnen das Kind daran, Wasser auf bestimmten Teilen seines Gesichts zu spüren. Es lernt, seinen Mund zu schließen und aktiv ins Wasser auszuatmen.

Mit Blick auf die Mutter oder den Vater.

Mit dem Rücken zur Mutter oder zum Vater.

Im nächsten Schritt legen wir das Kind auf seine Seite, wobei wir es nacheinander eintauchen: ein Ohr, eine Wange und dann den Mund, sodass das Kind den Mund schließt, wenn es das Wasser spürt.

Endlich im Schwimmbecken

Während der Übungen kann man das Kind dazu ermutigen, beim Ausatmen Blasen ins Wasser zu blasen.

Im nächsten Schritt kombinieren wir das Ausatmen ins Wasser mit dem Untertauchen einer Wange und des Mundes.

Wenn wir sehen, dass das Kind seine Ausatmung steuert, können wir in dieser Position tauchen. Dies kann geschehen, wenn das Kind uns ansieht, und daran anschließend, wenn es uns den Rücken zuwendet.

Kleine Wasserratte

Blasen

Zu den Spielen im Schwimmbecken, die bei Kinder am häufigsten ein Lächeln hervorbringen, gehört das Bilden von Blasen. Das Bilden von Luftblasen ist sehr wichtig, weil es das aktive Ausatmen fördert. Es ist eine ausgezeichnete Übung für Kinder mit eingeschränkter Muskelspannung, weil es das kontrollierte Schließen des Mundes lehrt. Blasen können in verschiedenen Positionen gebildet werden:

in der „Kelch"-Haltung ...

... mit dem Kind neben Ihnen (im 45°-Winkel) ...

... oder mit Nassmachen der Wangen von „Angesicht zu Angesicht".

Endlich im Schwimmbecken

Halteweisen und Übungen für das Kind in Rückenlage

Haltemethoden und Übungen in Rückenlage führen manchmal zu Problemen. Erstens sieht das Kind in dieser Position normalerweise nicht seine Mutter oder seinen Vater, was für das Kind stressig sein kann. Darüber hinaus sind viele Kinder nicht daran gewöhnt, dass Wasser in ihre Ohren gelangt.

Daher sollten Sie, wenn das Kind mit Weinen reagiert, die Übungen in Rückenlage allmählich einführen. Dies gibt dem Kind Zeit, sich daran zu gewöhnen.

Kleine Wasserratte

Wange an Wange

Bringen Sie das Kind Wange an Wange in die Rückenlage, wobei Sie seinen Kopf auf Ihrer Schulter abstützen. Wenn das Becken nicht tief genug ist, ist es notwendig, dass Sie in die Knie gehen, sodass das Kind auf dem Wasser liegt. Sie können das Kind am Brustkorb von oben halten oder am Bein (an einem Oberschenkel, dann an einem Knie oder Unterschenkel).

Stützen Sie das Kind auf Ihrer Schulter ab.

Sie können es am Bein halten ...

... oder am Brustkorb.

Endlich im Schwimmbecken

Während der Übungen sollte das Kind auf dem Wasser liegen. Wenn das Becken zu flach ist, müssen wir in die Knie gehen.

Wenn das Kind stabil liegt, können wir unsere Hand von seinem Brustkorb lösen ...

... und seine Beine so stimulieren, dass es kickt. Die Bewegung der Beine muss aus der Hüfte kommen, strecken Sie das Bein des Kindes nicht im Knie – die Kickbewegung muss natürlich erfolgen.

⭐ Kleine Wasserratte

In Rückenlage – „Abschleppen" an den Schultern

Übungen, um das Kind an die Rückenlage zu gewöhnen: Das Kind wird an den Schultern so gehalten, dass die Finger beider Hände den Rücken des Kindes stützen und die Daumen nach oben gerichtet sind. Dies ermöglicht es uns, das Kind in einem Abstand zu halten oder an uns heranzuziehen, und, wenn der Pool flach ist, uns dem Kind zu zeigen.

Finger unter dem Rücken, Daumen nach oben gerichtet. Die Übung kann mit gestreckten Armen absolviert werden ...

... oder mit gebeugten Armen.

Wir können uns dem Kind auch zeigen.

Endlich im Schwimmbecken

Diese Haltemethode ermöglicht es uns auch, Seitwärtsbewegungen zu machen.

⭐ Kleine Wasserratte

Stimulation der Arme – Strecken der Arme in Richtung von Spielzeug

Die „Wange an Wange"-Position ist eine gute Position zur Stimulierung der Hände, vor allem für Kinder, die jünger als ein Jahr alt sind. Mit der einen Hand halten wir das Kind, mit der anderen halten wir das Spielzeug. Wir versuchen, das Kind zu ermutigen, seine Hände auszustrecken.

Endlich im Schwimmbecken

★ Kleine Wasserratte

Stimulierung der Beine

Die Beine können mit verschiedenen Haltemethoden stimuliert werden, z. B. „Abschleppen" oder „Wange an Wange". Die Übung besteht aus Kicken und hat einen sehr guten Einfluss auf die Beinentwicklung. Das Kind kann allein kicken oder mit unserer Hilfe. Wir können das Spiel auch variieren, indem wir ein Schwimmspielzeug ins Wasser werfen, nach dem das Kind treten kann.

In der „Abschlepp"-Stellung kann das Kind von selbst kicken.

In der „Wange an Wange"-Stellung kann das Kind selbst oder mit unserer Hilfe kicken.

Endlich im Schwimmbecken

Treten des Wassers in der „Wange an Wange"-Position.

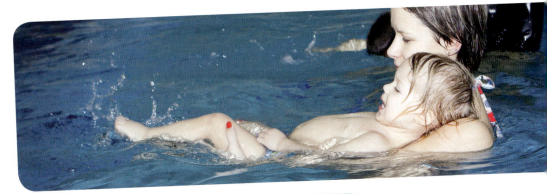

Um das Kind zum Kicken zu ermutigen, können wir ein Spielzeug verwenden.

117

★ Kleine Wasserratte

Endlich im Schwimmbecken

Auf dem Wasser liegen

Das Liegen auf dem Wasser ist ein wichtiges vorbereitendes Element des Schwimmenlernens. Zu seiner Vermittlung verwendet man Halteweisen, die in der Badewanne angewendet werden.

Legen Sie das Kind auf das Wasser, stützen Sie seinen Kopf mit einer Hand und verwenden Sie die andere Hand, um das Kinn zu stützen.

Ältere Kinder kann man auf die Handinnenflächen legen (Daumen nach oben).

★ Kleine Wasserratte

Kombinationen

Die in den vorangegangenen Abschnitten verwendeten Halteweisen können in verschiedenen Kombinationen durchgeführt werden.

Übergang von der Bauch- in die Rückenlage und von der Rückenlage zur Bauchlage

Legen Sie das Kind auf den Unterarm und halten Sie es mit einer Hand. Legen Sie das Kind mit der anderen Hand auf seinen Rücken.

Führen Sie das Kind langsam in eine aufrechte, senkrechte Position.

Heben Sie das Kind sanft nach oben.

Legen Sie das Kind langsam auf die Hand, die vorher auf seinem Rücken lag. Halten Sie den Bauch des Kindes mit der zweiten Hand.

Endlich im Schwimmbecken

Das Kind kann für eine Weile auf dem Rücken schwimmen.

Führen Sie das Kind erneut in die senkrechte Position.

Und dann legen Sie das Kind auf die Hand, die sich auf dem Bauch des Kindes befindet.

Diese Kombination kann viele Male wiederholt werden.

⭐ Kleine Wasserratte

Sprung ins Wasser und tauchen

Ins Wasser zu springen und zu tauchen, ist ein wichtiges Element der Wassergewöhnung des Kindes und später des Schwimmenlernens. Allerdings gilt hier das Grundprinzip für den Unterricht mit Kindern im Wasser: Tun Sie nichts mit Zwang!

Endlich im Schwimmbecken

Sprung ins Wasser aus der Sitzposition mit Übergang in den „Kelch"-Griff

Setzen Sie das Kind auf den Beckenrand. Wenn das Baby nicht in der Lage, selbstständig zu sitzen, absolvieren Sie diese Übung nicht, ohne das Baby während des Sitzens zu unterstützen. Da eine Überlastung der Wirbelsäule zu vermeiden ist, muss das Kind kontinuierlich unterstützt werden. Wenn das Kind auf dem Beckenrand sitzt, unterstützen Sie es mit den Ellbogen auf dem Rand. Beachten Sie, dass ein Kind, das nicht in der Lage ist, selbstständig zu sitzen, auch nicht aufrecht sitzen kann – sondern leicht nach vorn gebeugt sein muss. Wenn wir bereit sind, den Sprung auszuführen, neigen Sie das Kind leicht nach vorn und ziehen Sie es dann langsam auf die Wasseroberfläche. Während Sie es auf die Wasseroberfläche ziehen, legen Sie Ihre Hände von den Seiten des Kindes auf seinen Bauch. Die Finger befinden sich auf der Höhe des Brustkorbs, die Daumen sind gestreckt.

Wenn das Kind sitzt, stützen Sie Ihre Ellbogen auf dem Beckenrand ab.

Neigen Sie das Kind langsam nach vorn.

⭐ Kleine Wasserratte

Legen Sie die Hände unter den Bauch des Kindes, während Sie sich in den „Kelch"-Griff bewegen, und ziehen Sie das Kind auf das Wasser.

Endlich im Schwimmbecken

Dieser Sprung kann ebenfalls mit Tauchen enden. Denken Sie daran, dass, wenn das Kind untergetaucht ist, sie es zu sich hinziehen.

⭐ Kleine Wasserratte

Sprung ins Wasser – die Hand der Bezugsperson befindet sich unter dem Brustkorb

Sie stehen an der Seite des Kindes, unterstützen sie es von vorn an der Schulter; mit der anderen Hand schützen Sie den Kopf oder Rücken des Kindes, sodass das Kind nicht nach hinten kippt. Neigen Sie das Kind langsam nach vorn, sodass das Kind mit dem Bauch zuerst eintaucht.

Endlich im Schwimmbecken

ACHTUNG! Kontrollieren Sie vor einem Tauchgang immer, ob jemand hinter Ihnen steht, sodass das Kind nicht in jemanden hineinschwimmt.

⭐ Kleine Wasserratte

Sprung in die offenen Hände

Wir legen unsere Hand auf das Wasser oder, wenn das Kind Angst hat oder unsicher ist, bringen wir unsere Hand nach oben auf die Höhe des Bauchs des Kindes. Mit der anderen Hand unterstützen wir die Schulter des Kindes und verhindern, dass das Kind sich nach hinten neigt oder umfällt. Das Kind sollte sich selbst nach vorn neigen und in unsere Hände fallen, die auf dem Wasser liegen. Sobald das Kind fällt, schwimmen wir vom Beckenrand weg mit dem Kind auf einer Hand und mit der anderen Hand auf seinem Rücken zur Sicherung.

Endlich im Schwimmbecken

Sprung auf die offenen Hände

Wir stehen vor dem Kind und legen beide Hände auf das Wasser oder, wenn das Kind Angst hat, halten wir sie über dem Wasser. Wir ermutigen das Kind, ins Wasser zu springen.

★ Kleine Wasserratte

Sprung mit Schutz durch eine zweite Person

Setzen Sie das Kind auf den Beckenrand. Die Person im Wasser legt ihre Hände auf das Wasser. Die Person, die das Kind sichert, steht hinter dem Kind, hält es bei den Schultern und neigt es langsam nach vorn, wobei sie das Kind ermutigt, in die Hände der Person im Wasser zu springen. Dabei sorgt sie dafür, dass das Kind nicht nach hinten kippt und mit dem Kopf aufschlägt.

Endlich im Schwimmbecken

Sprung aus dem Stand

Ein stehendes Kind kann aus der stehenden Position in das Wasser springen.

Kleine Kinder sollten dies mit der Unterstützung der Eltern tun.

Ältere Kinder können selbst springen.

⭐ Kleine Wasserratte

Taucher

Ein wichtiger Teil des Spielens im Schwimmbad ist das Tauchen. Viele Eltern warten ungeduldig auf den Moment, in dem das Kind komplett im Wasser eintaucht. Wenn Sie dies sehr nervös macht, übergeben Sie das Kind an einen Lehrer. Wenn Sie ohne Lehrer im Schwimmbad und sehr nervös sind, tun Sie nichts mittels Zwang. Denken Sie daran, dass das Kind unseren Stress bemerkt und es sein kann, dass es den Schwimmbadbesuch mit etwas Stressigem verbindet. Vor dem Tauchen ist es notwendig, dem Kind ein Signal zu geben, dass es tauchen wird, z. B. „1, 2, 3 tauchen" und dass man seinen Kopf und sein Gesicht nass macht.

Endlich im Schwimmbecken

Taucher im „Karussell"-Griff mit Wasser, das auf den Kopf gegossen wird.

Um das Kind vorzubereiten, begießen Sie es mit Wasser aus einer Gießkanne.

Kleine Wasserratte

Übungen am Beckenrand

Abdrücken vom Rand

Für Kinder ist das spielerische Abdrücken vom Beckenrand sehr wichtig. Diese Übung verbessert die Beinarbeit – d. h. das automatische Beugen und Strecken der Beine. Nach dem Abdrücken kann man zur Rückenlage wechseln.

Zur Seite schwimmen

Sich abstoßen

Endlich im Schwimmbecken

Wegschwimmen von der Seite

Abschleppen

⭐ Kleine Wasserratte

Schwimmen an den Beckenrand

Das Schwimmen an den Beckenrand ist das wichtigste Element, um SICH SELBST des Kindes wegen ZU RETTEN.

Legen Sie das Kind auf seinen Bauch, wobei Sie es von hinten an der Seite unterstützen, schwimmen Sie an den Beckenrand. Ermutigen Sie das Kind, nach dem Rand zu greifen und ihn zu fassen.

Endlich im Schwimmbecken

⭐ Kleine Wasserratte

Ältere Kinder können tauchen, während sie zum Rand hin schwimmen, und, wenn sie es bereits können, selbst an den Rand schwimmen.

Endlich im Schwimmbecken

Verlassen des Wassers

Eine sehr wichtige Fähigkeit, die das Kind beherrschen sollte, ist das selbstständige Verlassen des Beckens. Es ist das zweitwichtigste Element, um SICH SELBST des Kindes wegen ZU RETTEN.

Nach dem Schwimmen an den Rand sollten Sie das Kind ermutigen, die Kante selbst zu fassen und das Wasser zu verlassen. Unterstützen Sie das Kind dabei die ganze Zeit über von hinten.

★ Kleine Wasserratte

Kicken der Beine am Beckenrand

Wir legen das Kind am Beckenrand auf seinen Bauch und schwingen seine Beine. Wir ermutigen das Kind, seine Beine von selbst zu kicken.

Endlich im Schwimmbecken

Auf dem Rand sitzen und die Beine schwingen

Diese Übung ist für Kinder gedacht, die selbstständig auf dem Beckenrand sitzen können, denn wir müssen immer freie Hände haben. Das Kind kann seine Beine selbstständig schwingen oder wir können helfen.

⭐ Kleine Wasserratte

Fazit

Was kann man am Ende eines Buches über das Schwimmen und vor allem Kinderspiele im Wasser sagen? Zunächst einmal ist es schwierig, sich vorzustellen, dass man die Zeit besser verbringen kann als mit einem gemeinsamen Schwimmbadbesuch der Eltern mit dem Kind. Aufgrund dieser Besuche entwickelt sich unser Kind gut, sowohl physisch als auch psychisch, es entsteht eine wichtige emotionale Verbindung zwischen Eltern und Kind und darüber hinaus hat man wirklich gemeinsam Spaß. Das Ziel unseres Buches besteht darin, Sie zu ermutigen, das Schwimmbad mit Ihrem Kind zu besuchen und selbst zu entdecken, dass es sich dabei tatsächlich um eine gut genutzte Zeit handelt.

Fazit

★ Kleine Wasserratte

Bildnachweis

Fotos:	Andrzej Peszek
Kapitelgrafiken:	©Hemera/Thinkstock
Grafische Blasen:	©Hemera/Thinkstock
Grafische Figuren:	©iStock/Thinkstock
Titelbild:	Andrzej Peszek
Umschlaggestaltung:	Sabine Groten
Layout:	Cornelia Knorr
Schriftsatz:	Eva Feldmann
Lektorat:	Dr. Irmgard Jaeger

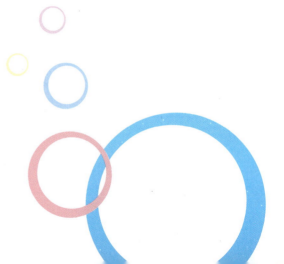